우리 역사에
숨어 있는
양성평등의
씨앗

우리 역사에 숨어 있는
양성평등의 씨앗

1판 1쇄 발행일 2023년 11월 27일
글쓴이 김영주·김은영 그린이 최경식
펴낸곳 (주)도서출판 북멘토 펴낸이 김태완
편집주간 이은아 편집 변은숙, 김경란, 조정우 디자인 유경희, 안상준 마케팅 강보람, 민지원, 염승연
출판등록 제6-800호(2006. 6. 13.)
주소 03990 서울시 마포구 월드컵북로 6길 69(연남동 567-11) IK빌딩 3층
전화 02-332-4885 팩스 02-6021-4885

- bookmentorbooks.co.kr
- bookmentorbooks@hanmail.net
- bookmentorbooks__
- bookmentorbooks

※ 잘못된 책은 바꾸어 드립니다.
※ 이 책은 저작권법에 따라 보호를 받는 저작물이므로 무단 전재와 무단 복제를 금합니다.
※ 이 책의 전부 또는 일부를 쓰려면 반드시 저작권자와 출판사의 허락을 받아야 합니다.
※ 책값은 뒤표지에 있습니다.

ISBN 978-89-6319-554-4 73300

인증 유형 공급자 적합성 확인 제조국명 대한민국 사용연령 8세 이상
KC마크는 이 제품이 공통안전기준에 적합하였음을 의미합니다.
종이에 베이거나 책 모서리에 다치지 않도록 주의하세요.

신라 원화 제도부터 근대 독립운동까지!

우리 역사에 숨어 있는 양성평등의 씨앗

김영주·김은영 글 | 최경식 그림

북멘토

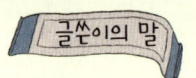

정다운 세계를 만드는 양성평등의 첫걸음

　다름과 틀림! 즉, 차이와 차별은 달라요. 얼핏 비슷해서 헷갈리기 쉽지만, 차이는 이해하고 나면 서로 도와 더 나은 내일을 이야기할 수 있으나 차별은 점점 더 나쁜 상황을 불러와요. 차이는 인정해야 하는 것이고 차별은 해서는 안 되는 일이에요. 다름을 받아들이고, 서로 더 잘할 수 있는 부분을 맡기며, 부족한 부분을 서로 채운다면 좀 더 안정적인 사회가 될 수 있어요. 양성평등의 시작은 서로에게 필요함을 인정하는 것에서 시작하고, 다름을 이해하고 서로 도와주며 완성돼요. 양성평등을 다른 말로 하면 '화합'이라고 할 수 있어요. 정답게 어울리는 사이가 되는 것이 양성평등의 목표지요.

　이 책이 여러분의 정다운 세계를 만드는 첫걸음이 되었으면 좋겠어요. 천사백 년 전 우리 선조들도 조금씩 노력해 왔으니, 우리도 할 수 있다고 말해 주고 싶었거든요. 서로를 이해하고 돕는다면 이룰 수 있을 거라 믿어요. 모두가 함께 정답게 지낼 세계를 응원합니다.

김영주

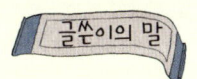

배려와 존중이 있는 건강하고 행복한 세상

여러분은 더불어 살아가는 세상에서 가장 필요한 게 무엇이라고 생각하나요? 저는 '배려'와 '존중'을 강조하고 싶어요. 각자의 입장과 상황이 다른 구성원이 모여 이루어진 사회에서 종종 갈등이 일어나요. 이때 편을 나누고 자신들의 입장만 내세우면 그 갈등은 점점 커질 수밖에 없어요. 이럴 때 상대방 의견에 귀를 기울이고, 입장 바꿔 생각해 보면서 배려하고 존중한다면, 속도의 차이가 있더라도 분명히 건강하고 올바른 사회로 발전해 나갈 수 있는 힘이 커질 거예요. 지금부터라도 다른 사람의 말을 충분히 들어주고 공감하며 존중과 배려를 연습해 봐요. 그럼 우리 미래도 조금씩 변화하지 않을까요?

앞서 여러분의 많은 사랑을 받은 《우리 역사에 숨어 있는 인권 존중의 씨앗》에서 다룬 '인권'과 마찬가지로 이 책에서 다루는 '양성평등'도 어려운 말이 아니에요. 바로 우리는 모두 소중한 존재이며 존중받아야 한다는 의미이지요. 이 책을 통해 우리 역사 속에서 찾은 조상들의 지혜와 인권 의식의 씨앗을 배움으로써 모두 함께 행복할 수 있는 길을 찾아야 한다는 이야기를 하고 싶었어요. 우리 사회를 건강하게 이끌어 나갈 미래의 주인공들에게, 이 책을 선물할 수 있어서 기쁘고 감사하게 생각해요.

김은영

차례

글쓴이의 말 • 4

1장 정치·경제 활동 참여의 씨앗, 신라의 원화 제도

원화가 될래요! • 12

역사 속으로 | 정치·경제 활동 참여의 기회 – 신라의 원화 제도와 길쌈 대회 • 22
지금 우리는 | 활발한 사회 활동을 위한 다양한 노력 • 24
세계는 지금 | 노르웨이의 적극적인 평등 정책 • 26

2장 학문 연구의 씨앗, 조선의 실학자 빙허각 이씨

나도 열심히 책을 볼래요! • 30

역사 속으로 | 조선의 여성 지식인 – 실학자 빙허각 이씨 • 40
지금 우리는 | 양성평등을 위한 학계의 노력 • 42
세계는 지금 | 노벨상의 성 불평등 문제 • 44

3장 교육 평등의 씨앗, 조선의 순성 학교

나도 학교에 갈래요! • 48

역사 속으로 | 최초의 민간 여학교 – 조선의 순성 학교 • 58
지금 우리는 | 성별 입학 제한 개선 • 60
세계는 지금 | 예일대 학생들의 입학 투쟁 • 62

4장 가족 평등의 씨앗, 고려의 호적 제도

가족이 생길 거야! • 66

역사 속으로 | 남녀 동등한 호주 등록 – 고려의 호적 제도 • 74
지금 우리는 | 부성 우선주의 원칙의 한계 • 76
세계는 지금 | 성씨 선택이 자유로운 나라 • 78

5장 평등한 결혼 문화의 씨앗, 고려의 혼인 제도

부모님은 내가 모실래요! • 82

역사 속으로 | 구분 없는 부모 부양 – 고려의 남귀여가혼 • 94
지금 우리는 | 간소화된 현대의 결혼 문화 • 96
세계는 지금 | 핀란드의 자유로운 결혼 문화 • 98

6장 공평한 재산 상속의 씨앗, 고려의 분재기

아들딸 구분 없이 나누어라! • 102

역사 속으로 | 공평한 재산 분배 – 고려의 분재기 • 112
지금 우리는 | 자녀에게 똑같이 상속하라는 민법 • 114
세계는 지금 | 양성평등한 재산 분배를 위한 노력 • 116

7장 호국 보훈의 씨앗, 여성 독립운동가들

내가 갈게요, 엄마! • 120

역사 속으로 | 함께 해낸 항일 투쟁 – 여성 독립운동가 • 132
지금 우리는 | 독립군의 정신을 잇는 한국 여군 • 134
세계는 지금 | 모든 영역으로 나아가는 세계 속 여군 • 136

8장 종교·사상 평등의 씨앗, 조선의 동학

다시 우리랑 살자! • 140

역사 속으로 | 인간 평등을 널리 알린 사상 – 조선의 동학 • 154
지금 우리는 | 양성평등 기본법 제정 • 156
세계는 지금 | 최초로 양성평등법을 만든 프랑스 • 158

1장

정치·경제 활동
참여의 씨앗,

신라의
원화 제도

원화가 될래요!

"여경아, 오늘은 말 타러 가지 말고 언니랑 길쌈 대회 연습하자."

"길쌈은 언니나 해. 난 하고 싶은 일이 따로 있어!"

"다른 집 여동생들처럼 너도 베틀에 앉으면 안 되니? 너만 도와주면 이번에는 우리 편이 이길 것 같단 말이야."

여경은 말 타고 활 쏘는 것을 좋아했지만 연경은 베 짜는 것을 좋아했다. 여경은 각자 좋아하는 것을 하자고 말했지만, 연경은 포기하지 않고 매일 여경을 설득했다.

신라에서는 실로 옷감을 짜는 길쌈 일이 제일 경제적으로 안정적이니 같이 하자는 연경의 제안은 달콤했다. 게다가 이제 곧 나라에서 주최하는 길쌈 대회가 시작된다. 연경의 길쌈 실력은 신라 최고 솜씨를 뽐내니, 아마 연경과 함께하면 우승도 문제없을 터였다. 하지만 여경은 꼭 하고 싶은 일이 있었다.

"내겐 길쌈도 우승도 안 중요하단 말이야!"

"길쌈만큼 가치 있는 일이 어디 있다고 그래? 여경아, 그러지 말고 이번 대회에는 나랑 함께 나가자. 난 작년 대회 때 진 것이 아직도 분해."

"아, 몰라. 언니, 난 앉아서 하는 일은 취미에 안 맞아. 말 탈 거야. 그러니까 나 기다리지 마!"

여경은 물병 하나만 들고 집을 나섰다. 어제 도윤이 말 달리면서 화살을 과녁에 제대로 명중시켰단 소식을 듣고 마음이 급해졌다. 키도 비슷했던 것 같은데 어느 때부터인가 도윤은 여경보다 키가 훌쩍 더 커 버렸다. 남자는 여자보다 힘도 좋고

키도 크니 다들 도윤이 더 활을 잘 쏘는 게 당연하다고 했지만, 여경은 받아들일 수 없었다.

'난 꼭 원화가 되고 말 거라고!'

여경은 얼마 전 보았던 준정의 모습을 떠올렸다. 말 위에 꼿꼿하게 앉아 가던 모습이 자꾸 아른거렸다. 뒤를 따르던 청년 낭도들의 우두머리다운 위엄이었다.

가족 중 가장 많이 버는 연경 언니도, 제사장인 고모도 멋지지만, 원화를 이끄는 준정 언니의 모습을 본 순간 여경은 꿈을 정했다. 물론 나라가 안녕하길 바라는 제사를 주관하는 제사장도 멋있어 보였다. 하지만 활동하는 것을 좋아하는 여경에게는 아름다운 청년들과 함께 나라를 지키는 원화가 더 매력적이었다.

서둘러 왔다고 생각했지만, 훈련장에는 도윤이 먼저 도착해 있었다.

"아, 뭐야! 너 왜 이렇게 일찍 왔어?"

"몸이 근질거려서 참을 수가 있어야지. 들었냐? 나 어제 대단했다."

급한 마음에 여경은 몸도 대충 풀고 말고삐를 잡았다. 말 타는 실력은 누구한테도 뒤지고 싶지 않은 여경은 침을 한번 꼴깍 삼켰다. 안 그래도 어제 도윤이 마상 무예에서 뛰어난 실력을 보였다는 얘기에 여경은 마음이 더욱 조급해졌다. 무슨 일이 있어도 오늘은 꼭 도윤을 이기고 싶었다.

하지만 오늘따라 이상하게 말이 말을 듣지 않았다. 말안장 발걸이인 등자에 발을 얹고 올라타려는데 말이 자꾸만 거부하듯 고개를 돌리고 몸을 부르르 털어 댔다. 급기야 몸부림을 치더니 흥분한 듯 거칠게 콧김을 뿜었다.

"오늘따라 얘가 왜 이러지?"

"네 말, 오늘 좀 쉬어야 하는 거 아냐? 일주일 넘게 하루도 안 쉬고 달렸다면서! 말은 지치면 사나워지잖아."

"달리는 게 말이 할 일인데 그게 무슨 소리야!"

여경은 고삐와 말갈기를 꽉 움켜쥐었다. 말이 겁먹지 않도록 살살 달래서 타야 한다는 걸 잘 알았지만, 도윤이를 이길 수 있는 방법은 연습밖에 없었다.

더군다나 오늘은 도윤이도 나왔으니 뒤처질 수 없었다. 무슨 일이 있어도 오늘 말을 타야 했다.

여경은 무리해서 겨우 말 위로 올라탔다.

히히힝!

갑자기 말이 앞발을 차올렸고 안장에 앉아 있던 여경의 몸이 기우뚱했다.

"어랏! 이거 왜 이래? 으악!"

여경의 몸이 크게 기울자 말이 불편했던지 몸을 거칠게 털었고 여경은 바닥으로 세게 떨어졌다. 통증이 심했지만 여경은 본능적으로 입을 막았다. 말에서 떨어질 때 소리를 지르면 말이 더욱 겁을 먹고 놀라서 질주하거나 뒷걸음질 치다 떨어진 사람을 밟게 되니 항상 조심하라고 한 아버지 말이 떠올랐기 때문이다. 여경은 최대한 몸을 웅크렸다.

더 이상의 소란은 없었다. 살며시 눈을 떠 보니 도윤이 여경의 말 목덜미를 쓰다듬고 달래며 말을 진정시키고 있었다. 그 모습을 보니 꼭 도윤이 말 주인 같았다.

여경은 몸을 반쯤 일으켜 앉아 무릎 사이에 얼굴을 묻었다. 몸이 아픈 것보다도 속이 더 상했다. 눈물이 나오려는 걸 삼키려면 이 방법밖에 없었다.

"여경아, 괜찮아? 많이 안 다쳤어?"

고개를 들어 보니 도윤이 계속해서 말을 진정시키며 걱정스럽게 여경을 바라보고 있었다.

"응, 괜찮은 것 같아."

"난 떨어질 때마다 아프고 무서워서 엉엉 울었는데, 여경이

넌 역시 대단하구나!"

"울었다고? 네가?"

뜻밖의 말에 여경이 되묻자 도윤은 뒷머리를 긁적이며 여경 곁에 앉았다.

"그럼 아픈데 안 우냐? 너는 말을 잘 타니까 잘 안 떨어져 봐서 모를 거야. 난 정말 수없이 많이 떨어졌거든. 창피해서 아무한테도 얘기 못 했어. 이거 봐라. 말이랑 친해지려고 내가 얼마나 풀을 베어다 줬는지 손바닥이 다 엉망이야."

도윤이 쑥스럽게 웃으며 내민 손바닥에는 풀에 쓸린 흉터가 잔뜩 있었다.

"그랬구나. 난 네가 말에서 떨어진 적도 없고 처음부터 말을 잘 탄 줄 알았어."

"처음부터 잘 타는 게 어디 있냐? 내가 널 이겨 보려고 얼마나 연습했는데. 알잖아, 어려서부터 너한테 뭐든 다 밀려서 얼마나 분통 터졌다고!"

"그래 봤자 다 지난 일이지. 지금은 말 타고 활 쏘는 것도, 무예를 익히는 것도 네가 더 잘하잖아."

"그래도 난 너를 못 이길 것 같아, 여경아."

"왜?"

"네 손바닥을 봐. 너처럼 죽어라 열심히 연습하는 애를 내가 어떻게 이겨?"

여경은 활시위를 하도 많이 당겨서 굳은살이 생긴 제 손가락을 내려다보았다.

"나 진짜 처음 활 쏠 때는 재미있기도 하고, 더 잘하고 싶어서 매일 백 발씩 쏜 것 같아."

"그래서 난 여경이 널 이기는 건 포기했어. 대신 네 밑에서 최고 무사가 되어서 널 잘 보필할 거야."

뜻밖의 말에 여경의 눈이 커졌다.

"넌 원화를 이끌고 싶잖아. 그렇지?"

"알고 있었어?"

"그럼, 가장 친한 친구의 꿈을 모르겠냐?"

도윤은 여경에게 손을 내밀며 말했다.

"넌 진짜 멋진 대장이 될 거야."

여경은 도윤이 내민 손을 잡았다. 소년의 손이라고 하기엔 무척 거칠었지만, 손에 굳은살이 잔뜩 박인 건 여경도 마찬가지였다.

"그래, 우리 끝까지 서로 응원해 주자. 그럼 말타기 시합 한 번 할까?"

여경과 도윤은 맞잡은 손에 힘을 주어 벌떡 일어나며 서로를 향해 밝게 웃었다.

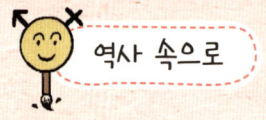 역사 속으로

정치·경제 활동 참여의 기회
신라의 원화 제도와 길쌈 대회

　신라는 동시대 다른 나라에 비해 비교적 양성평등이 잘 실천되는 나라였어요. 비록 완벽하게 동등하다고는 할 수 없었지만, 신라에서는 여성도 왕이 되고 관직에 오를 수 있었으며 비단을 관리하는 관직이나 나라의 큰일을 점치는 제사장을 여성이 맡기도 했어요. 또한 젊고 뛰어난 인재들이 모여 학문과 무예를 익히는 단체의 우두머리도 여성이 담당했어요. 동화 속 여경의 꿈인 준정이 바로 그 여성이지요.

　신라 진흥왕 시기에 만들어진 원화 제도는 전통적인 가치와 질서를 익히며 예절과 무예를 닦는 청소년 단체로, 훗날 이 원화 제도가 화랑 제도의 바탕이 되었어요. 《삼국유사》에 따르면, 이 단체에서는 효도, 우애, 충성, 신의와 같은 가치를 가르쳤고, 우두머리인 여성은 말을 타고 활을 쏘는 등 뛰어난 무예 실력을 갖추었으며 200~300명의 젊은이를 거느렸다고 해요.

신라에서는 여성도 경제 활동에 참여할 수 있었어요. 그 예로 길쌈 대회를 들 수 있어요. 당시 길쌈은 여성들이 주로 했는데, 길쌈으로 지은 옷감은 화폐를 대신해 쓰일 정도로 중요한 자원이었어요. 나라에서는 옷감 짜는 대회를 열어 길쌈을 장려했지요. 《삼국사기》에 따르면, 신라 유리왕은 해마다 음력 7월 15일부터 도성 안 여성을 두 편으로 나눠 음력 8월 15일까지 길쌈 내기를 하도록 했어요. 진 쪽이 이긴 쪽에 음식을 대접하고 춤을 베풀었는데 이를 '가배'라고 했지요. 우리가 '한가위'라고 부르는 추석의 유래가 이 가배 풍습이에요. 신라는 여성도 경제 활동이 가능했고, 경제력을 가졌기 때문에 여성이 자신의 능력으로 지도자가 될 수 있는 환경까지 만들어질 수 있답니다.

> **역사 속 정보 쏙쏙** — 해와 달을 불러낸 세오녀
>
> 당시 많은 나라가 종교 지도자를 남성으로 뽑은 것과 달리 신라는 신에게 제사 지내는 일을 여성에게 맡겼어요. 신라의 설화 중 '세오녀 이야기'를 보면 더 잘 알 수 있어요. 어느 날 신라에 해와 달이 없어졌는데, 사람들은 베 짜는 여인인 세오녀가 신라를 떠나서라고 생각했어요. 하지만 신라로 돌아갈 생각이 없던 세오녀는 비단을 짜서 주었고, 그 비단을 놓고 제사를 지냈더니 해와 달이 다시 나타났다고 해요. 많은 신화 속 여성이 보조 역할을 하는 것과 달리, 세오녀 이야기에서는 여성이 주체적으로 의사 결정을 했어요. 당시 사람들이 여성을 신과 가깝게 지낼 수 있는 존재로 생각했음을 알 수 있답니다.

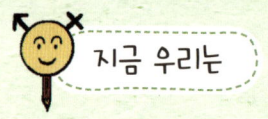 지금 우리는

활발한 사회 활동을 위한 다양한 노력

 비록 일부지만 신라 시대에 여성이 정치력을 행사할 수 있었던 것은, 활발한 경제 활동으로 세금을 많이 내는 등 경제력이 있었기 때문에 권한을 요구할 수 있었던 이유도 커요. 신라 이후 고려와 조선 시대로 오면 여성의 경제 활동에 제약이 커졌고 사회적 입지도 크게 줄었지요.

 현대 사회는 어떨까요? 보통 정규 교육 과정을 마치고 첫 직장에 들어가면 남녀 모두 활발하게 경제 활동에 참여하지만, 여성은 결혼과 출산 이후 육아를 위해 일을 그만두는 경우가 남성보다 훨씬 많아요. 직장에 계속 다니기 위해 여성이 결혼과 출산을 포기하는 사례도 많지요. 이것은 유능한 인적 자원을 잃는 큰 사회적 손실일 뿐 아니라 인구 감소의 원인이 되기도 해요.

 이런 문제를 해결하기 위해 여성이 경제 활동을 계속해 나갈 수 있도록 출산 휴가와 육아 휴가를 충분히 주고, 직장 내 보육 시설을 만들어 안심

남성 육아 휴직 제도 활성화를 위한 국회 정책 토론
이웃나라 일본에서는 최근 법을 개정해서 남성도 의무적으로 육아 휴직을 사용할 수 있게 했어요. 우리나라에서도 출생률을 높이기 위해 남성 육아 휴직 제도를 활성화해야 한다는 사회적 목소리가 커지고 있어요.

하고 아이를 맡길 수 있도록 제도를 마련할 필요가 있어요. 남성도 가사와 육아에 참여하도록 장려하고, 성별로 승진에 차별받는 일이 없도록 하는 등 나라에서도 여러 가지 대책을 세우고 있지만 아직 역부족이에요. 출산과 육아를 이유로 부모 가운데 어느 한쪽이 원치 않게 일을 그만두는 일이 없도록 사회 구성원 모두의 노력이 더욱 필요해요.

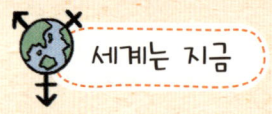 세계는 지금

노르웨이의 적극적인 평등 정책

 북유럽 국가 노르웨이는 성 평등 의식이 아주 높다고 알려져 있어요. 노르웨이에서는 국가가 정책을 통해 적극적으로 성 평등을 실천하고 있어요. 노르웨이에서는 공기업과 상장 기업의 이사회 임원 구성에서 양쪽 성별 비율이 적어도 40퍼센트를 차지해야 한다는 성별 쿼터 제도를 2003년에 도입했어요. 이를 위반하면 기업 해산까지 명령할 수 있는 아주 강력한 조치였지요. 임원 성별의 균형을 맞춰야 의사 결정이 더 건강하고 공정하게 이루어진다고 보았기 때문이에요.

 또한 직장 안에서 육아로 인한 공백이 여성에게만 쏠리지 않도록 남성 육아 휴직 할당제를 도입해 남성에게도 적극적으로 육아 휴직을 권했어요. 그 결과 2퍼센트에 불과했던 남성 육아 휴직 참여율이 70퍼센트까지 올랐지요. 그뿐만 아니라 일하면서 아이를 돌볼 수 있도록 공동 육아를 제도적으로 실천하고 노력한 덕분에 만 0세에서 14세 사이 자녀를 둔

노르웨이 솔베르크 정부의 장관들
사진 아래쪽의 국왕과 왕세자를 제외하고 20명의 정부 구성원 가운데 에르나 솔베르크 총리를 포함한 여성 장관이 아홉 명으로, 정부의 여성 장관 비율이 40퍼센트를 넘어요.

30~40대 여성의 고용률이 84퍼센트까지 올랐어요. 하지만 전문직 성별 비율에 따른 임금 격차가 여전히 존재해서 노르웨이에서는 국가 주도로 더 적극적인 성 평등 정책을 펼치려 하고 있답니다.

2장

학문 연구의 씨앗,
조선의 실학자
빙허각 이씨

나도 열심히 책을 볼래요!

"아버지, 여기 좀 보세요. 닭이 밤새 시름시름 앓았는지, 눈도 못 뜨고 늘어졌어요."

골골대는 닭을 품에 안고 나온 연하가 발을 동동거리며 아버지를 불렀다.

"그러니까 닭이나 잘 돌볼 일이지, 뭔 글을 배운다고 만날 싸돌아다니더니. 으이구."

연하는 자기 탓만 하는 아버지가 미웠지만, 그 말때문에 방법을 찾은 것 같았다.

"아, 맞다. 스승님한테 가서 여쭤 보면 되겠네요. 스승님은 책도 많이 읽어서 모르는 게 없으시니까요."

"뭐라고, 스승? 너한테 글을 가르친다는 그 이씨 부인 말하는 것이냐?"

아버지 얼굴이 순식간에 일그러졌다.

"여자가 스승은 무슨 스승이야? 글을 가르친다는 둥, 책을 쓴다는 둥, 도리에 어긋나는 일을 하니까 이씨를 두고 말들이 많지. 학문은 엄연히 남자의 일이야."

못마땅해하는 아버지 말에 연하는 대꾸도 하지 않았다. 그런 이야기는 귀에 딱지가 앉도록 들었고 동네 어른이며 문중 어른들까지 늘 같은 말만 했다.

'공부가 왜 남자의 일이야?'

연하는 입술을 꽉 깨물고 닭을 챙겨 망태기에 넣은 다음 말없이 집을 나섰다. 그러고는 곧장 마님 집으로 향했다. 멀쩡했던 닭이 아픈 것을 그냥 두고 볼 수만은 없었다.

"마님, 마님! 도와주세요."

연하는 대문에서부터 냅다 소리를 질렀다. 집 안에서는 대답 대신 글 읽는 소리만 흘러나왔다.

연하는 조심스럽게 문을 열고 방 안을 들여다보았다.

'아이코, 동네 여인들 불러 글을 가르치고 계셨구나.'

연하는 조용히 방문을 닫고 마루에 걸터앉아 글 읽는 소리에 귀를 기울였다.

밭일도 하고, 누에도 치고, 온갖 집안일을 다 하면서 글까지 가르치는 마님이 대단해 보였다.

사실 연하도 얼마 전까지는 까막눈이었다. 하지만 마님에게 글을 배운 뒤로는 차츰 세상이 달리 보이기 시작했다. 새로운 것을 알아 가는 재미에 하루하루가 그저 즐거웠다.

마님이 쓰고 있다는 책엔 정말 없는 게 없었다. 누에를 치고 가축을 키우는 법부터 약초 쓰는 법, 태교 법까지 생활하며 알아야 할 것들이 죄다 들어 있었다. 아픈 닭을 안고 연하가 부랴부랴 마님을 찾아간 것도 그 때문이었다. 마님이라면 어떻게든 해결책을 알려 줄 것 같았다.

잠시 기다리자, 글 읽기를 마친 마님이 밖으로 나왔다. 공부하던 사람들을 돌려보낸 마님이 연하의 닭을 이리저리 살피더니 말했다.

"연하야, 이렇게 털빛이 검은 오골계는 자라는 속도가 더디고 체질도 약해. 눈 색으로 보나 움직임으로 보나 아픈 것은 아닌 듯하고, 더위를 좀 먹은 것 같으니 물을 충분히 먹여 시원한 닭장에 넣어 놓으렴."

연하는 입을 다물지 못하고 마님을 올려다보았다.

"마님은 어찌 그리 다 아십니까? 진짜 모르는 게 하나도 없으신가 봐요."

마님은 빙그레 웃으며 방으로 들어갔다. 그리고 책 한 권을 가져와서 연하에게 건넸다.

"앞서 살았던 사람들의 경험과 지혜를 모아 적은 책을 읽었을 뿐이야. 나도 책을 쓰려고 여러 분야에 지식이 있는 사람들을 만나다 보니 아는 게 늘었어. 그것도 자신이 아는 걸 함께 나누려는 사람들 덕분이지."

그 말에 연하는 고개를 끄덕였다. 책을 쓰기 위해 마님이 얼마나 많은 책을 읽고, 또 얼마나 많은 사람을 만나는지 옆에서 봐 왔기 때문이다.

"마님은 책 쓰는 일이 힘들지 않으세요?"

"힘이야 들지. 하지만 아는 것을 기록해 두지 않으면 어느 순간 사라져 버리지 않니? 책으로 기록해 놓으면 분명 나중에 그 지식이 필요한 사람들에게 실질적으로 큰 도움이 될 거야. 내가 배운 지식을 다른 사람에게 나누고 유용하게 쓰일 수만 있다면 내가 잠깐 힘든 게 무슨 대수겠어?"

연하는 마님의 말을 듣고 깨달았다. 아버지는 학문을 연구하고 책을 쓰는 것이 남자의 일이라고 했지만, 그게 아니었다. 여자든 남자든 자기가 배운 것을 남과 나누려는 사람이 할 수 있는 일이었다.

"내가 쓴 책에 오골계를 도울 방법이 쓰여 있단다. 오골계는 뼈까지 거무스름해야 진짜인데, 눈과 혀가 검은지를 보면 구분할 수 있어. 잘 키우렴."

마님이 내미는 책을 조심스레 받아 들며 연하는 고개를 끄덕였다.

그때 누군가 대문을 들어서며 마님을 불렀다.

"형수님! 형수님이 찾으시던 책을 드디어 구했습니다. 여기요, 여기!"

다급히 뛰어와 마님에게 책보자기를 안겨 주는 남자는 마님의 시동생이었다. 곧이어 또 한 사람이 종이 꾸러미를 가득 안고 집으로 뛰어 들어와 마님을 불렀다. 그 사람은 마님의 남편이었다.

"허허, 나도 당신에게 도움이 될까 싶어서 약초에 관해 적은 책을 구해 왔지."

가져온 책과 글에 관해 세 사람이 한참 이야기하는 모습을 보며 연하는 얼떨떨했다.

"마님 댁은 참 신기해요. 다른 사람들은 여자가 무슨 공부냐, 책이냐 이런 말들만 하기 바쁜데, 마님 댁에서는 다들 옆에서 지원을 아끼지 않으시잖아요."

연하의 말에 마님의 옆에 섰던 시동생이 껄껄 웃었다.

"허허! 그것이야말로 어리석은 생각이란다. 재주가 뛰어난 사람이 그 능력을 펼치는데, 여자니 남자니 하는 구분이 왜 필요하겠니?"

그 말에 마님의 남편이 맞장구쳤다.

"그럼, 네가 형수에게 글을 배우더니 아주 제대로 공부했구나. 당신한테 배워서 요즘 책도 쓴다고 하니, 우리 한번 기대해 봅시다."

마님이 환하게 웃으며 두 사람을 쳐다보았다. 그 모습을 보고 있자니 연하의 마음에도 깊은 울림이 느껴졌다.

'여자든 남자든 누구나 배우고 공부할 수 있어. 자기가 공부해서 익힌 재주를 다른 사람을 위해 쓰는 건 참 좋은 일 같아. 나도 열심히 책을 읽고 공부해서 마님 같은 사람이 되고 싶어.'

연하는 마님이 준 책을 품에 꼭 끌어안으며 다짐했다.

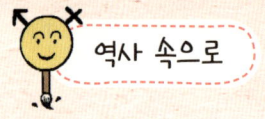 역사 속으로

조선의 여성 지식인
실학자 빙허각 이씨

　조선 시대에는 여성이 학문을 배우고 가르치거나 책을 쓰는 일이 쉽지 않았어요. 엄격한 성리학적 질서에 따라 학문을 남자의 역할이라고 여겼기 때문이에요. 하지만 그런 상황에서도 자신의 재능과 노력으로 학문을 익히고 집필 활동을 펼친 여성 지식인이 많아요. 그중 한 사람이 바로 이야기 속 주인공, 빙허각 이씨예요.

　빙허각 이씨의 이름은 '이선정'이에요. 당대 유명한 학자 집안에서 태어난 이선정은 어릴 때부터 늘 책을 가까이했어요. 일찍이 딸의 학문적 재능을 발견한 아버지는 교육에 적극적이었고, 이선정은 어린 나이에 한문학에 능통할 만큼 뛰어난 재주를 보였지요. 열다섯 살에 당대 유명한 실학자 가문으로 시집간 이선정은 시아버지의 부탁을 받아 다섯 살 어린 시동생 서유구를 직접 가르치기도 했고 남편 서유본의 지지를 받으며 여러 권의 책을 써냈어요.

이선정이 51세에 한글로 쓴 《규합총서》는 농사짓는 법, 가축 기르는 법, 음식 만드는 법, 육아법 등 일상생활에 필요한 다양한 지식을 담은 일종의 생활 백과사전으로, 20세기까지 여성들이 가장 널리 읽고 인용한 책으로 유명하지요. 이선정이 마음껏 학문을 연구하고 책을 쓸 수 있었던 것은 남녀에 차별을 두지 않고 그녀가 학문적 재능을 마음껏 펼칠 수 있도록 지지한 가족이 있어서 가능했던 일이에요.

수많은 사회적 제약과 차별 속에서도 꿋꿋하게 학문 연구에 매진한 여성 지식인은 빙허각 이선정 이외에도 태교에 관한 책을 쓴 사주당 이씨, 수준 높은 성리학 저서를 남긴 윤지당 임씨, 그리고 시와 서화로 저술 활동을 펼친 정일당 강씨 등이 있답니다.

역사 속 정보 쏙쏙 — 조선 팔도를 여행한 여성 시인

조선 시대에는 여성이 여행을 가는 데 큰 제약이 따랐어요. 그런데 열네 살의 나이에 남자 모습으로 분장하고 금강산, 관동 팔경, 설악산, 서울을 두루 여행하고 돌아온 여인이 있었어요. 그녀가 바로 김금원이에요. 어릴 때부터 유교 경전과 역사책을 즐겨 읽은 김금원은 책에서 배운 것을 직접 보며 경험하고 싶었어요. 부모의 지지 속에 김금원은 오랜 기간 여행을 떠나 제천 의림지, 금강산, 관동 팔경, 설악산, 서울 등을 돌아볼 수 있었고, 아름다운 경치를 시로 읊은 기행문인 《호동서락기》를 펴낼 수 있었어요.

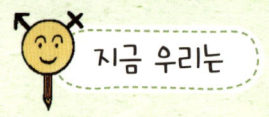 지금 우리는

양성평등을 위한 학계의 노력

오랫동안 이어져 온 관습이나 여성에 대한 부정적인 인식 때문에 여성이 고위직에 오르지 못하는 현상을 '유리 천장'이라고 해요. 마치 투명한 유리처럼 눈에 잘 보이지 않지만 분명한 장벽이 존재한다는 의미이지요. 학문 연구 분야에서도 여성들의 유리 천장 문제는 존재해요. 우리나라 여성 박사 수는 10년 전에 비해 두 배 이상 증가했지만, 같은 기간 대학에서 여성이 전임 교원이 되는 비율은 겨우 6퍼센트 정도 늘었고 연구 비용도 남성에 비하면 훨씬 적다고 해요. 게다가 우리나라 문화 예술계는 몇 해 전 미투 운동(사회 관계망 서비스에 성범죄 피해 사실을 밝히며 심각성을 알리는 캠페인)으로 유리 천장 문제뿐만 아니라 성범죄 문제가 얼마나 심각한지를 보여 주었지요.

국공립대는 여성 전임 교원 비율을 20퍼센트까지 끌어올리기 위해 여성 할당제를 시행하고, 각 분야에서도 유리 천장 문제를 해결하기 위해

유리 천장을 깨고 나가자는 행위 예술을 벌이는 여성들
3월 8일은 유엔이 지정한 세계 여성의 날로 우리나라에서는 2018년 법정 기념일로 공식 지정되어 해마다 다양한 행사들이 진행되고 있어요. 세계 여성의 날을 맞아 서울 종로구 보신각 앞에서 참가자들이 성차별의 상징인 유리 천장을 깨고 나가자는 의미로 투명한 천을 찢는 행위 예술을 하고 있어요.

전문적 경력 관리 시스템을 만들어 여성 인재 아카데미와 같은 교육 프로그램을 운영 중이에요. 문화 예술계는 '성 평등한 예술 환경 조성'이란 목표를 내세우며 '예술인 권리 보장법' 제정을 추진하고 있어요. 이런 노력이 계속되어 학계와 문화 예술계의 만연한 성 불평등 문제를 해결한다면 학문과 예술을 바탕으로 한 문화 발전에 더 큰 도움이 될 거예요.

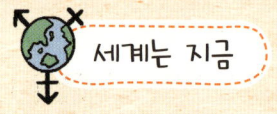 세계는 지금

노벨상의 성 불평등 문제

 학문 연구 분야에서 가장 널리 명성이 알려진 노벨상은 1901년 처음 만들어졌어요. 그런데 2020년까지 노벨상 수상자 931명과 28개 단체 가운데 여성 수상자는 단 57명뿐이에요. 그래서 최근 들어 노벨상을 두고 '남성을 위한 잔치'라는 비판의 목소리가 커지고 있어요.
 최초 여성 노벨상 수상자이자 두 번이나 노벨상을 받은 마리 퀴리도 당시 과학계에 만연한 성차별 때문에 노벨상을 받지 못할 뻔했어요. 당시만 해도 남성만 있는 아카데미에서 여성은 아예 회원으로 받아 주지 않았어요. 결국 남편이 탄원서를 내어 겨우 공동으로 노벨상을 수상했고, 두 번째 노벨상 수상 이후에는 프랑스 과학 아카데미의 회원 후보에 올랐지만 이마저도 두 표 차이로 떨어지고 말았지요. 이후 여성은 아예 아카데미 회원이 될 수 없다는 결의안이 채택되었고 그 결의안은 1962년까지 유지되었어요.

2023년 노벨 물리학상을 수상한 안 륄리에
스웨덴 룬드대학 원자 물리학 교수 안 륄리에가 2023년 노벨 물리학상을 수상했어요. 지금까지 노벨 물리학상을 받은 여성은 안 륄리에 교수를 포함해 1903년 마리 퀴리, 1963년 마리아 메이어, 2018년 도나 스트리클런드, 2020년 앤드리아 게즈까지 다섯 명이에요.

    학문 연구 분야에서의 성차별이 오랫동안 이어진 상황에서 노벨상이 이를 더 부추긴다는 비판이 계속되면서 노벨상에도 여성 할당제가 필요하다는 목소리가 나왔어요. 하지만 2021년에도 13명의 노벨상 수상자 가운데 여성 수상자는 딱 한 사람뿐이었지요. 노벨 위원회는 여성 할당제에 대해서는 아예 고려하지 않는다고 딱 잘라 말했지만, 비판의 목소리를 의식한 듯 여성 과학자 후보 비중을 늘리고 노벨상 선정 위원회에 여성 위원의 참여를 늘리겠다고 말하며 성 평등을 위한 노력을 해 나가겠다는 의지를 밝혔어요.

3장

교육 평등의 씨앗,
조선의 순성 학교

나도 학교에 갈래요!

넓디넓은 광장에는 여인들이 빼곡하게 들어서 있었고 그 가운데 높은 연단이 세워져 있었다. 설이는 그 광경을 보는 것만으로도 가슴이 뛰었다.

"어떡해. 우리 진짜 집회에 온 거 맞지?"

"우아, 모인 사람이 어림잡아 삼백 명은 넘겠어."

설레어서 어제 밤잠을 설쳤다며 눈을 연신 비비면서도 끝단이는 계속 웃었다. 광장 곳곳에는 '여학교를 세우자.'라는 글귀가 붙어 있고 집회 준비로 많은 사람이 오가고 있었다.

"진짜 여학교가 생기는 거 맞지? 우리 같은 여자애들이 다니는 학교말이야."

끝단이는 실감이 나지 않는 것 같았다. 그런 마음을 설이도 알기에 힘껏 고개를 끄덕였다.

"얼른 학교에 다니고 싶다."

"나도."

설이와 끝단이는 서로 마주 보며 웃었다. 한동네 친구인 둘은 이럴 때 죽이 척척 맞았다. 특히 공부하고 책 읽기를 좋아하는 둘은 평소에는 툴툴대며 싸우다가도 책 이야기만 하면 눈이 초롱초롱 빛났다. 어렵게 구한 책을 서로 돌려보며, 책 이야기로 시간 가는 줄 모르고 떠들어 댔다.

한때는 끝단이와 설이도 제대로 배우고 싶어서 자신들을 가르쳐 줄 서당을 찾아다니기도 했다. 하지만 여자를 학생으로 받아 주는 곳은 한 군데도 없었다. 오히려 여자가 무슨 공부냐는 비난만 아프게 돌아왔다.

"우리 아버지는 내가 공부하러 학교에 다니겠다고 하면 가만안 있을걸?"

연단에 조금이라도 가까이 가려고 사람들 틈을 비집고 들어서며 끝단이가 말했다.

그런 사정은 설이도 마찬가지였다.

"난들 뭐 다르니? 공부가 죽어도 싫다는 우리 오라비한테는 당미(수업료로 내는 쌀)도 척척 잘 내주면서……."

그 생각을 떠올리자 설이는 더 울컥했다.

여자로 태어난 게 무슨 죄도 아닌데 아버지는 말끝마다 "여자가 무슨 공부냐." 하며 설이를 무시했다. 하지만 그럴수록 설이는 더 오기가 생겼다.

그때 마침 나라에 여학교를 세워 달라는 집회가 열린다는 소식이 들렸다. 설이는 마음 맞는 친구들까지 모아 집회에 함께 참석했다. 사람이 많을수록 그 말에 힘이 실린다는 것을 알기 때문이었다.

옆에 앉은 다른 친구들과 눈인사하며 기다리던 그때였다.

"김 소사(조선 시대에 결혼한 평민 여자를 부르던 호칭)와 이 소사가 선언문을 낭독하겠습니다."

간절하게 기다리던 순간이었다. 저도 모르게 꽉 쥔 설이의 주먹이 바르르 떨렸다. 줄을 지어 앉은 사람들 모두 연단에 선 연사를 보며 숨을 죽였다.

"귀가 먹고 눈이 먼 사람들처럼, 어찌 옛날의 습관에 빠져 있는가? 우리나라보다 먼저 개화한 나라들을 보면 남녀가 동등권이 있는지라, 여자들도 일찍부터 함께 학교에 다니며 온갖 학문을 배우고 있다."

선언문을 듣는 동안 설이의 머릿속에는 그토록 바라던 세상이 보이는 듯했다. 남자든 여자든 모두가 마음껏 배울 수 있는 세상, 그런 세상에서 설이는 매일 학교에 등교해 선생님, 친구들과 함께 공부할 수 있을 거라는 생각만으로도 가슴이 부풀어 올랐다.

"여자의 학식과 지식이 남자와 다르지 않으니, 하루빨리 학교를 지어 배우게 하라."

선언문 낭독이 끝나는 순간 우레와 같은 박수가 여기저기서 쏟아졌다. 누가 먼저랄 것도 없이 시작한 외침이 너른 광장을 가득 메웠다.

"여학교를 설립하라!"

"여학교를 설립하라!"

설이와 끝단이도 주먹을 쥐고 목이 쉬어라 외쳤다. 설이의 가슴 깊은 곳에서 뜨거운 뭔가가 끊임없이 솟구쳐 오르는 듯했다.

진한 감동과 흥분에 마음을 추스르지 못한 채 친구들과 광장 주변을 맴돌고 있을 때였다. 갑자기 설이 아버지가 불쑥 나타나 설이 이름을 불렀다. 화가 단단히 난 목소리였다.

"가자! 여기서 무슨 짓을 하는 게야? 열 살이나 먹었으면 철이 들어야지, 쯧쯧."

집회 시작 전부터 광장 뒤편에 서서 못마땅한 눈으로 지켜보던 사람들이 있었다. 신문사 사람도 있고 동태를 파악하러 나온 순사도 있다는 소리를 들었는데, 거기 설이 아버지도 끼어 있는 줄은 몰랐다. 그런데 설이 아버지 옆에 있던 어른까지 나서서 소리를 질렀다.

"여학교가 웬 말이야? 집회는 또 무엇이고. 세상이 어떻게 돌아가는지, 원!"

"쯧쯧, 다들 서양 물을 잘못 먹은 게지. 얼토당토않은 소리만 해 대는 걸 보면."

삐딱하게 갓을 쓰고 곰방대를 입에 문 어른들은 아니꼬운 표정으로 계속 노려보며 말했다. 그 모습을 보고 있으니 설이는 너무 서러웠다. 학교를 지어 달라고 말하는 것이 무슨 잘못도 아닌데 왜 혼이 나야 하나 싶었다.

"아버지! 세상이 변했어요. 세상이 변했다고요!"

설이에게 어떻게 그런 용기가 났는지 모르지만 그 바람에 주위가 또 웅성거렸다.

끝단이도 설이 말에 맞장구치듯 외쳤다.

"맞아요! 여자도 남자와 똑같이 공부하고 배울 수 있어요. 똑같이 출세도 하고요."

"남자와 여자는 다를 게 하나도 없다고요!"

다른 친구들도 설이와 끝단이를 지키듯 에워싸며, 그동안 참았던 울분을 토하기라도 하듯 말을 뱉었다. 주눅 들지도 않았고 오히려 당당했다.

눈을 부릅뜨고 섰던 아버지는 기가 막힌다는 표정을 짓고는 손사래를 쳤다. 더는 들을 말도 없다는 듯 아버지는 그 길로 뒤돌아 가 버렸다. 모였던 어른들도 혀를 끌끌 차고는 하나둘 흩어졌다.

그제야 설이는 끝단이의 손을 야물게 쥐며 말했다.

"이제 시작이겠지?"

"그럼, 우리 지치지 말고 가자."

학교가 세워지고 공부를 하러 갈 수 있을 때까지 얼마나 오래 걸릴지, 또 어떤 어려움이 있을지 알 수 없었지만 그래도 둘은 절대 포기하지 않겠다고 굳게 마음먹었다.

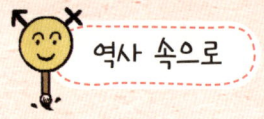 역사 속으로

최초의 민간 여학교
조선의 순성 학교

 1898년 9월 1일, 북촌의 여성들 300여 명이 〈여권통문〉이라는 선언문을 발표했어요. 이 선언문에서 여성들은 나라가 나서서 여학교를 세워 달라고 주장했지요. 선언문 내용을 보면 '남녀가 동등권이 있는지라, 어려서부터 각각 학교에 다니며 각종 학문을 다 배워 이목을 넓혀 (중략) 우리나라도 타국과 같이 여학교를 설립하여야'라는 내용이 있어요. 당시 여학교가 세워지길 바랐던 바람이 얼마나 컸는지 느껴지나요? 이 선언문에는 교육권뿐만 아니라 여성의 참정권과 경제 활동(직업권)을 보장해 달라는 주장도 함께 담겨 있어요. 그래서 〈여권통문〉을 우리나라 최초의 '여성 인권 선언서'라고 부르기도 해요.
 당시 이 선언문을 실은 〈황성신문〉은 '하도 놀라고' 또 '신기한 일'이라고 표현했어요. 그만큼 여성이 자기 권리를 주장하는 일은 흔치 않았다는 것을 알 수 있지요. 정부는 여학교 설립에 끝까지 소극적이었어요. 결국 선언을 이끈 여성들은 '찬양회'라는 민간단체를 만들고 1989년 12월, 최초의 여학교 '순성 학교'를 설립했어요. 순성 학교는 7~8세에서 13~14세 여학생 50여 명을 모아 한자 교육을 비롯해 서양의 역사 등을 가르쳤어요. 하지만 차별 없는 교육 환경을 꿈꾸었던 순성 학교는 운영비 부족 등의 이유로 문을 닫고 말았답니다.

> **역사 속 정보 쏙쏙** 조선의 의녀, 대장금
>
> 삼국 시대나 고려 시대에는 여성을 전문적으로 교육했던 기관과 제도를 찾기 어려워요. 그런 점에서 조선의 '의녀 제도'는 의미 있는 여성 교육의 출발로 볼 수도 있어요. 1406년(태종 6년), 백성의 질병 치료를 위해 만들어진 관청 '제생원'에서 똑똑한 여자아이 열 명을 뽑아 의술을 가르쳤다는 기록이 있어요. 텔레비전 드라마 주인공으로 유명한 '대장금' 역시 1532년 〈중종실록〉의 기록에 등장하는 실존 인물로, 의술이 뛰어난 의녀였다고 해요. 의녀 제도는 남녀 사이에 엄격한 분별을 강조한 유교 사상 때문에 남녀의 자유로운 접촉을 막고자 생겨났다는 한계가 있지만, 당시 중국뿐만 아니라 서양에서도 여성에게 전문 의료 기술을 가르친 사례가 없다는 점을 보면 분명 특별한 의미를 지닌답니다.

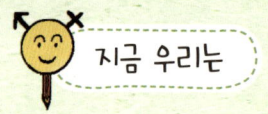 지금 우리는

성별 입학 제한 개선

얼마 전까지만 해도 해군 사관 학교, 경찰 대학, 항공 운항 관련 학과 등 몇몇 군사 관련 학과나 특수한 직업 관련한 학교에서 여학생의 입학을 허가하지 않거나 정원을 제한하는 일이 많았어요. 예를 들어 경찰 대학은 2021년까지 전체 선발 인원 약 12퍼센트만 여학생으로 선발했어요. 이런 경우 여학생이 남학생보다 성적이 높아도 입학을 할 수 없는 일이 생기기도 하지요. 이를 두고 여성이 동등하게 교육받을 권리를 빼앗겼다는 주장이 제기되었어요. 다행히 경찰 대학은 2022년 신입생 선발부터는 성별 제한을 폐지하는 것으로 입학 제도를 바꾸었어요.

반대로 남학생 입학을 제한하는 학교도 있어요. 대한민국의 국군 간호 장교를 양성하는 국군 간호 사관 학교는 남학생을 아예 선발하지 않다가 2012년부터 처음으로 남학생을 뽑았어요. 그리고 이후 조금씩 남학생에 대한 선발 인원을 늘려 가고 있어요.

첫 국군 간호 사관 남자 생도
2012년, 우리나라 국군 간호 사관 학교에 처음으로 남자 생도 여덟 명이 입학해 입학식을 치르고 있어요. 1951년 간호 사관 학교가 생긴 이래 남자 생도가 입학한 것은 2012년이 처음이었어요. 당시 경쟁률이 무려 94 대 1이었다고 해요.

    남성과 여성으로 나누어 입학이나 인원을 제한하는 사례는 교육계에서 점차 사라지고 있어요. 다양한 분야에서 교육 기회를 동등하게 늘리는 제도와 여건 마련을 위한 노력은 지금도 계속되고 있답니다.

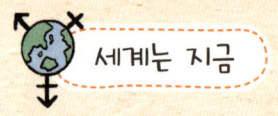 세계는 지금

예일대 학생들의 입학 투쟁

    1960년대까지도 우리가 이름을 알 만한 미국 명문 대학들은 여학생 입학을 허락하지 않았어요. 미국 코네티컷주 뉴헤이븐에 위치한 유명한 사립 대학인 예일대학교도 사정은 마찬가지였지요. 당시 예일대 총장은 '대학은 나라의 지도자를 훈련하는 곳'이며 '여자는 나라의 지도자가 될 수 없으므로 대학을 다닐 필요가 없다'라고 말했어요.
    이렇게 성 평등 의식이라고는 전혀 없던 예일대가 1969년, 최초로 여학생 입학을 허가했는데 그 이유가 황당해요. 가까운 곳에 위치한 하버드대와 프린스턴대에 여학생이 입학하자 우수한 남학생들이 그쪽으로 몰리기 시작했고, 우수한 남학생을 빼앗기기 싫었던 예일대는 결국 286년 만에 여학생을 받게 된 거예요.
    남학생 수에 비해 턱없이 적었던 예일대 여학생들은 입학 뒤에도 여러 가지 성차별에 시달려야 했어요. 여학생들은 계속 투쟁을 이어 갔어요.

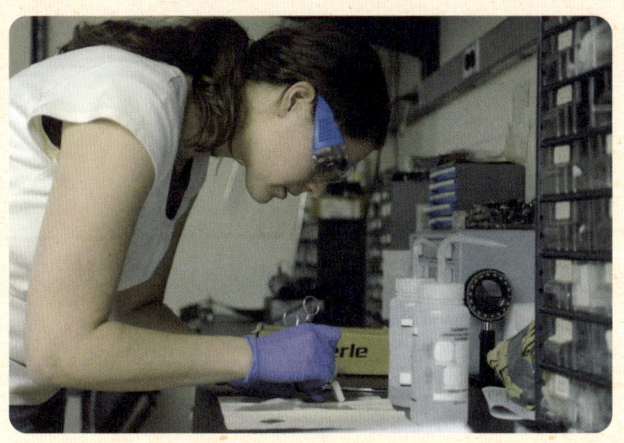

이공계 분야에서 활약하는 여성 과학자들
예일대학교 클라인 화학 연구소에서 화학 분야 박사 과정에 재학 중인 여성이에요. 최근 예일대에는 석사 학위에 재학 중인 여학생 수가 60퍼센트가 넘을 정도로 예일대뿐만 아니라 과학, 기술, 공학, 수학을 통칭하는 STEM 분야에서 여성의 활약이 두드러지고 있어요.

남학생 1,000명을 선발할 때 여학생을 200명만 선발하던 할당제를 없앨 것을 요구했고, '성희롱'이라는 개념을 처음으로 만들며 대학 내 성 평등 문화를 만들기 위해 노력했어요. 그 결과 50년이 지난 뒤에는 여학생 비율이 50퍼센트에 가까워질 만큼 눈에 띄는 변화가 생겼어요.

예일대 학생들은 여전히 성 평등을 위해 투쟁하고 있어요. 예일대에 첫 여학생이 입학한 지 50년이 지났지만, 아직 한 번도 여성 총장이 나오지 않았고 전임 교원 여성 비율도 30퍼센트를 넘지 않거든요. 교육의 성 평등을 이루기 위한 예일대와, 숱한 노력을 하고 있을 세계 교육계에 더 많은 관심과 응원이 필요해요.

4장
가족 평등의 씨앗, 고려의 호적 제도

가족이 생길 거야!

여름 볕이 제법 따가운 날이었다. 구슬이는 마을 어귀에 핀 해바라기 꽃을 보러 가려고 단이와 함께 집을 나서던 길이었다. 그런데 어찌 알고 왔는지 수남이가 뒤를 쫓아오며 괜한 시비를 걸었다.

"어이, 구슬아. 너 곧 새아버지에 남동생도 생기겠네."

구슬이는 못 들은 척 앞만 보고 걸었다. 걸핏하면 따라와서 말을 거는 수남이가 귀찮았는데, 요즘에는 또 어디서 구슬이 어머니 혼인 소식을 들었는지 그걸로 야단이었다.

"네가 무슨 상관이야?"

구슬이는 딱 잘라 말했지만 수남이는 뒤를 따라오며 계속 말을 걸었다.

"너희 어머니가 혼인하면 너도 이사 가는 거야? 그럼 네 호적도 바뀌고?"

수남이 말에 구슬이는 걸음을 멈췄다.

한 번도 생각해 보지 못했다. 구슬이는 태어나서 줄곧 이 마

을에 살았는데 이사를 간다고? 생각만으로도 눈물이 핑 돌 것 같았다. 게다가 호적은 또 뭘 말하는 건지, 구슬이 머릿속이 복잡해졌다.

"호적? 그게 뭔데?"

옆에 있던 단이가 수남이에게 물었다.

"한 집안 사람 이름이나 나이를 순서대로 적은 종이 말이야. 그게 호적 아냐?"

관심 없는 척하며 구슬이는 수남이 말에 귀를 기울였다.

"너 제대로 알지도 못하면서 말한 거야? 그러니까 구슬이한테 새 가족이 생기는데, 왜 구슬이 호적이 바뀌냐고?"

구슬이 마음을 눈치챘는지 단이가 따지듯 또 한 번 물었다. 그러자 수남이가 말을 얼버무렸다.

"자세히는 몰라. 호적을 적을 때 아버지 밑으로 적는다고만 들어서, 구슬이에게 새아버지가 생기면 호적도 바뀐다고 생각했지. 아, 몰라, 몰라! 그냥 해 본 소리야."

수남이는 여름 한낮 볕에 벌겋게 태운 사람처럼 얼굴이 붉어져서 슬금슬금 뒤로 내빼더니 어딘가로 가 버렸다. 구슬이는 귀찮게 굴던 수남이가 가 버려서 좋았지만 해바라기를 보고 싶은 마음도 같이 사라져 버렸다.

"너무 신경 쓰지 마. 수남이가 헛소리하는 거야. 너희 어머니가 봉이 아저씨랑 혼인해도 달라지는 건 없어. 그냥 가족이 생기는 것뿐이야."

단이가 구슬이 기분을 살피며 다정하게 말했다. 단이 말이 맞다. 구슬이가 태어날 때 즈음 아버지가 돌아가셔서 구슬이는 아버지 얼굴도 모르고 자랐다. 줄곧 어머니와 둘이 살아서 외로웠던 집에 봉이 아저씨네 가족이 자주 찾아왔고 구슬이는 가족이 생긴 것 같아서 좋았다. 살갑고 싹싹한 남동생도 얼른 생기면 더 좋겠다는 생각에 어머니더러 빨리 혼인하라고 조르기도 했는데 수남이 말을 듣고 나니 마음이 영 불편했다. 이사 가는 일은 생각지도 못했고, 호적 같은 것은 더더욱 알지 못했다.

'어머니가 혼인하는데 뭐가 이리 바뀌는 게 많아?'

그날 저녁, 구슬이는 밥을 먹는 둥 마는 둥 하고 자리에 일찍 누워 버렸다. 눈치가 이상했는지 설거지를 끝내고 온 어머니가 구슬이 옆에 다가와 슬쩍 손을 내밀었다. 구슬이는 어머니의 손을 뿌리치며 벽으로 돌아누웠다. 그런데 부스럭거리는 소리와 함께 어머니가 벽장에서 뭔가를 꺼내 구슬이 코앞으로 들이밀었다.

"구슬아, 이것 좀 봐. 이게 호적이란 거야."

"네? 호적이요?"

놀란 구슬이가 벌떡 일어나 앉아 어머니가 내민 종이 꾸러미를 바라보며 되물었다.

"낮에 단이한테 들었지. 수남이 녀석이 뭣도 모르고 막 떠들었다며?"

어머니가 내민 종이에는 이름을 적은 글자가 잔뜩 있었다. 이모, 삼촌, 조카들 이름도 눈에 띄었다.

"한집안 식구의 이름, 관계, 나이 같은 것을 적은 문서를 호적이라고 하지."

"그런데 수남이 말이, 어머니가 봉이 아저씨랑 혼인하면 이사를 가는 것처럼 호적도 옮겨야 한다던데요?"

"수남이 녀석도 참, 모르면서 아는 척은. 여길 봐, 구슬아.

'은여실' 이분이 호적의 주인, 즉 '호주'야."

'은여실'은 구슬이 외할머니 이름이었다.

"외할아버지가 일찍 돌아가셔서 우리 집안 호주는 외할머니가 됐지. 너랑 나도 외할머니 호적에 올라 있어. 고려에서는 여자도 남자도 다 호주가 될 수 있으니까, 네가 싫으면 봉이 아저씨와 아저씨 아이도 우리 호적에 올리면 돼. 사위도 얼마든지 장모의 호적에 올릴 수 있거든."

"정말요? 그럼 어머니가 혼인해도 호적을 안 옮겨도 돼요?"

"그럼! 꼭 남자만 호주가 되고, 여자가 반드시 호적을 옮겨야 하는 건 아냐. 여자도 호주가 될 수 있고, 딸도 집안을 대표해 재산을 상속받거나 조상님 제사도 지낼 수 있지. 그래서 재혼도 비교적 자유롭게 할 수 있어."

"내일 수남이를 찾아가서 제가 다시 바로 알려 줘야겠어요!"

어머니는 싱긋 웃으며 구슬이 머리를 쓰다듬었다.

"수남이한테 한 가지 더 말해 줘. 우리 이사도 안 간다고 말이야. 봉이 아저씨가 우리 마을로 온다고 했거든."

"어머니!"

"걱정 마, 구슬아. 가족이 생겨도 바뀌는 건 없어."

구슬이는 어머니 품에 꼭 안겼다. 그리고 '내일은 오늘 못 본 해바라기를 꼭 보러 가야지.' 생각하며 환하게 웃었다.

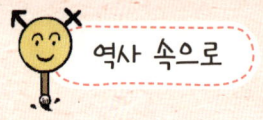
역사 속으로

남녀 동등한 호주 등록
고려의 호적 제도

'호적'은 한집안 가계도를 적은 문서를 말하고, 호적에서 대표자를 '호주'라고 불러요. 호적이 처음 만들어진 시기는 알 수 없지만 신라와 고려를 거치며 자리를 잡은 제도라고 알려져 있어요. 호적은 관청에서 세금을 걷거나, 여러 가지 나랏일에 노동력을 제공하는 부역, 전쟁이 났을 때 백성을 병력으로 동원하기 위해 인원을 파악하는 목적으로 만들었어요. 그래서 호적에는 신분, 성별, 나이 등이 적혀 있지요.

고려 시대에는 여자와 남자 모두가 호주가 될 수 있었어요. 그래서 남편이 죽으면 성장한 아들이 있다고 해도 아내가 호주가 되었지요. 그리고 아들과 딸 구분 없이 태어난 순서대로 호적에 이름을 올렸어요. 고려 시대 호적의 중요한 기록 자료 중 하나인 낙랑군 부인 최씨의 준호구(관청에서 개인의 호적을 증명해 준 문서)를 살펴보면, 최씨는 죽은 남편을 대신해 호주가 되었고 서른두 살 된 아들을 포함해 네 명의 자녀를 자신의 호적에 두었어요. 최씨를 중심으로 증조할아버지, 외할아버지까지 모두 호적에 포함시켰지요. 이는 여성도 친족 단위의 대표가 될 수 있음을 말해 주고 있어요.

호주 제도는 일제 강점기를 거치며 남성 중심의 호주제로 바뀌었어요. 오로지 남성만 호주가 될 수 있고 남편이 사망하면 아들이 호주가 되었지요. 또 딸이 결혼하면 시아버지 밑으로 호적을 옮겨야 했어요. 그래서 호주제는 단순히 한집안 가계도라는 의미를 넘어 가부장 중심 문화를 부추기고 성 평등을 해치는 잘못된 제도라는 비판을 받았지요. 마침내 2005년, 우리나라는 호주제를 폐지했고 이는 양성평등을 위한 우리 사회의 중요한 출발로 인정받고 있답니다.

역사 속 정보 쏙쏙 - 허씨 성의 시조가 된 왕비, 허황옥

우리는 한 가계, 즉 한 성씨의 첫 조상을 '시조'라고 불러요. 우리나라에 존재하는 수많은 성씨 중 여성이 시조인 경우는 극히 드물어요. 그런데 여성이 시조인 성씨가 있어요. 바로 김해 허씨의 시조인 허황옥이에요. 《삼국유사》의 〈가락국기〉 편 기록에 따르면, 허황옥은 인도 아유타국의 공주였어요. 열여섯 살에 배를 타고 지금의 경남 창원 앞바다에 도착한 공주는 김수로왕의 성대한 환영을 받고 가야국 왕비가 되었지요. 두 사람은 열 명의 아들을 낳았는데, 큰아들은 김씨 성을 따르게 하고 나머지 두 왕자는 허황옥의 뜻에 따라 허씨 성을 따르게 했어요. 그래서 허씨 성의 시조를 허황옥이라고 보기도 한답니다.

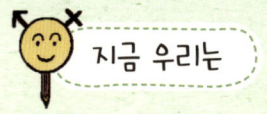 지금 우리는

부성 우선주의 원칙의 한계

2005년 호주제 폐지 이후 어떤 점이 달라졌을까요? 우리나라는 호적 제도 대신 2008년부터 '가족 관계 등록 제도'를 실시하며 호적상 아버지 성씨만 따르던 것에서 어머니 성씨도 따를 수 있도록 바꾸었어요. 하지만 여전히 한계가 남았어요. 우리나라 민법은 결혼해서 태어난 자녀는 아버지 성씨를 따르도록 정하고 있어요. 그래서 자녀가 어머니 성씨를 따르게 하려면 부부가 혼인 신고를 할 때 별도의 서류를 내야 해요. 그 이후에 자녀 성씨를 어머니 성씨로 바꾸고자 하면 법원에 가서 성씨 변경 심판 청구와 같은 복잡한 절차를 거쳐야 하지요.

어머니 성씨로 바꾸었다고 해도 아버지 성씨를 따른다는 원칙 때문에 '혹시 아버지가 없는 미혼 가정인가?' 아니면 '재혼 가정인가?' 하는 식의 오해나 편견 어린 시선을 겪는 사례도 많아요. 한국 가정 법률 상담소의 설문 조사에서도 우리 국민 열 명 중 여섯 명은 아버지 성만 따르는 원칙

가족 관계 등록 제도 홍보 활동을 펼치는 판사들
2008년 1월 1일부터 호주제가 폐지되고 가족 관계 등록 제도가 새롭게 만들어지면서 판사들이 거리 홍보 활동을 펼치고 있어요.

이 불합리하다고 답했어요. 이처럼 아버지 성씨를 따르는 부성 우선 주의 원칙을 없애자는 목소리가 점점 더 힘을 얻고 있어요. 양성평등에 대한 국민의 의식 수준도 높아지는 만큼 하루 빨리 부부 합의를 통해 어머니 성씨든 아버지 성씨든 자유롭게 선택할 수 있는 날이 왔으면 좋겠어요.

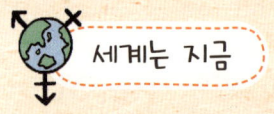 세계는 지금

성씨 선택이 자유로운 나라

외국은 한국처럼 아버지 성씨를 따라야 한다고 법으로 정한 곳은 거의 없어요. 또 어머니 성씨를 쓰려면 아이가 태어나기 전, 즉 혼인 신고 때 성씨를 결정해야 하는 한국과 달리 외국은 자녀가 스스로 자신의 성씨를 선택하고 바꿀 수 있도록 허용해요.

덴마크나 노르웨이, 핀란드 같은 유럽 국가는 부모 성씨 가운데 하나를 자유롭게 선택하는데, 따로 선택하지 않으면 어머니 성씨를 따라요. 그래서 첫째와 둘째 아이 성이 다르기도 해요. 미국에서는 결혼하면 아내가 남편 성씨를 따르는 경향이 강하지만, 자녀는 어머니나 아버지 성씨를 자유롭게 선택할 수 있고 아예 다른 성씨를 가질 수도 있어요.

우리나라처럼 아버지 성씨를 따르는 원칙을 지켜 온 중국은 1980년 혼인법을 바꾸면서 어머니 성씨를 선택할 수 있도록 했어요. 그리고 어머니 성씨를 따르는 경우가 점점 늘어나서 2018년 상하이에서 태어난 아이들

일본의 부부 동성 제도
우리나라는 결혼을 해도 부부가 자신의 성씨를 유지하지만, 일본에서는 혼인한 부부가 같은 성씨를 써야 한다는 것이 법으로 규정되어 있어 대부분의 여성이 결혼을 하면 남편 성씨를 따라요. 이 법이 성 차별적이고 권리를 침해한다는 문제가 제기되었지만 일본 대법원은 부부 동성 제도가 합헌이라고 판결했어요. 이 판결은 성 평등을 위한 일본 사회의 오랜 노력에 타격을 입혔다는 평가를 받아요.

열 명 가운데 한 명은 어머니 성씨를 택했다고 해요.
  부모 성씨를 자유롭게 선택하는 문제는 이제 전 세계의 성 평등 의식에 발맞춰 가는 우리에게 고민해야 할 과제로 남았어요.

5장

평등한 결혼 문화의 씨앗, 고려의 혼인 제도

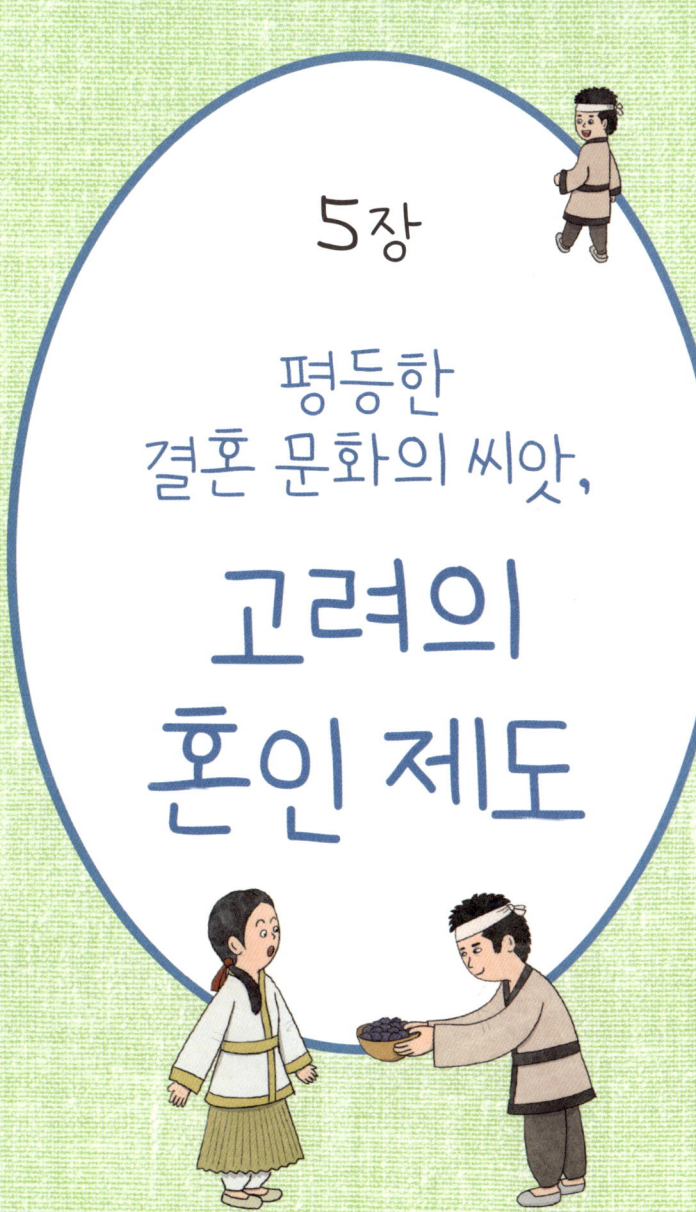

부모님은 내가 모실래요!

연이는 커다란 나무에 기대앉아 보자기에 수놓은 매화꽃을 손끝으로 매만졌다. 재선에게 주려고 며칠 밤낮으로 만든 자수 보자기였다. 동네에서 으뜸인 연이의 자수 솜씨가 그대로 담겨 있었다. 제일 친한 친구의 혼인 선물이라 더 정성을 쏟아서 그런지 나무 그늘 밑에서도 보자기가 매끈하게 빛났다.

멀리서 누군가 뛰어오는 소리가 들렸다. 며칠 있으면 새색시가 될 재선이었다.

"이제 신부가 될 텐데 그리 뛰면 되겠어?"

"네가 준다는 선물이 궁금해서 이리 뛰어왔지."

재선이 숨을 고르며 활짝 웃었다. 연이가 재선에게 보자기를 내밀었다.

"재선아, 혼인 진짜 축하해. 내 선물이야."

"와, 정말 예쁘다! 고마워. 역시 연이 네 자수 솜씨는 알아줘야 한다니까. 이러니 멀리서도 네 옷감을 사러 오지!"

"그래 봐야 우리 세 식구 입에 근근이 풀칠이나 하는 정도인데, 뭐."

"풀칠이라니! 네가 그 비싼 어머니 약값을 다……."

어머니 이야기에 연이 얼굴빛이 달라지자 재선은 말끝을 흐렸다. 연이 어머니는 연이를 낳을 때 여러 번 죽을 고비를 넘겨 평생 누워만 있었다. 그런 어머니를 봉양하느라 아주 어릴 때부터 집안일과 길쌈으로 연이가 얼마나 고생했는지 재선은 다 알고 있었다.

어색하게 가라앉은 분위기를 바꾸려고 연이는 말머리를 돌렸다.

"보자기 쓸 때마다 나 기억해야 해."

"내가 어디 멀리 가? 혼인해도 한동네에 살 텐데, 뭐."

혼인을 하면 신랑이 신부 집으로 와서 함께 사는 것이 고려 풍습이지만 그래도 전처럼 늘 함께할 수는 없을 터였다. 재선이 다른 마을로 이사라도 간다면 연이는 반쪽을 잃는 기분이

들 것만 같았다. 아픈 어머니를 돌보던 연이에게, 재선은 늘 곁에 있어 주던 든든한 가족이나 마찬가지였다.

연이 마음을 눈치챈 재선이 물었다.

"근데 덕이가 너한테 혼인하자고 안 해?"

"혼인하자고 해서 내가 헤어지자고 했어."

"뭐라고? 아니, 왜?"

재선의 물음에 연이는 대답 대신 눈물이 나왔다.

연이도 정혼자가 있었다. 아랫마을에서 누에 치는 덕이였다. 몇 해째 늘 좋은 실을 가져다주는 것도 고마운데, 올 때마다 제철 꽃을 한 아름 꺾어다 주는 덕이에게 연이는 마음이 절로 갔다.

옷감 주문이 많아 바쁜 늦봄에 덕이는 뽕나무 열매인 오디를 한가득 따다 주었다. 몸에 좋은 열매이니 밤샐 때 먹으라면서 오디가 담긴 바가지를 수줍게 내밀었다. 바가지를 쥔 덕이 손끝이 짙은 보랏빛 오디 색으로 물들어 있었다. 여러 날 밤을

5장 평등한 결혼 문화의 씨앗, 고려의 혼인 제도 85

새워 정신이 아득해질 때마다 방 안 가득 달큰한 오디 향으로 버텼다.

'바보, 오디 먹다가 손에 물이라도 들면 옷감을 못 짜는데 왜 이걸 따 와!'

그렇게 생각하면서도 연이는 덕이의 다정한 면이 좋았다. 하지만 좋아하는 마음만큼 걱정도 커졌다. 열네 살이 넘어가면서 또래 친구들은 혼인해서 분가를 하거나 신부 집에서 신랑과 살았다. 하지만 연이는 겨우 두 칸짜리 낡은 집에서 같이 살자고 덕이에게 차마 말할 수 없었다. 덕이는 커다란 집에서 누에를 치며 넉넉하게 살고 있었고, 마을에서 누에 농사를 제일 크게 짓겠다는 꿈도 있었다. 평생 병든 어머니와 아버지를 모셔야 하는 연이에게 덕이의 바람은 꿈처럼 들렸다.

"난 혼인은 못 할 것 같아. 재선아, 넌 우리 집 사정 잘 알잖아. 좁은 집에서 평생 내가 부모님을 모셔야 하는데, 덕이를 어떻게 데리고 와."

"그게 무슨 소리야! 우리 집도 형부가 우리 부모님을 모셨잖아. 이제 내가 부모님을 모시겠다고, 형부랑 언니더러 따로 나가서 살라고 했는데도 형부가 앞으로도 계속 부모님을 자기가 모시겠다고 했어. 너도 덕이랑 그렇게 살면 되지."

"너는 언니랑 둘이 번갈아 부모님을 모실 수 있고 아니면 너희 오빠라도 와서 도울 수 있지만 난 외동이라서 안 돼. 그리고 덕이는 누에 키우는 걸 좋아하잖아. 하지만 난 여길 떠날 수가 없어."

"연이야. 너, 덕이에게 네 사정 솔직히 이야기했어? 그러고 나서 헤어지자고 한 거야?"

"아니, 나 혼자 생각하고 내린 결정이야."

"왜 그런 결정을 너 혼자 해. 혼인은 둘이 모든 일을 함께 의논해 결정하고 책임지겠다는 약속이야. 넌 집안 형편이 부족한 것이 아니라 덕이에 대한 믿음이 부족한 거야."

혼인 준비로 바쁜 재선은 잘 생각해 보라며 연이를 남겨 두고 먼저 갔다. 연이는 한참 생각에 빠져 있다가 해거름에 터덜터덜 집으로 돌아왔다.

아버지가 저녁 준비하느라 아궁이에 불을 때고 있었다.

"죄송해요, 아버지. 재선이 만나고 오느라 늦었어요."

"아니다. 매일 네가 하는데 오늘 하루쯤이야. 그래, 재선이는 혼인 준비를 다 했다더냐?"

"네, 신이 났는지 얼굴이 활짝 폈더라고요."

"좋을 때지. 너도 얼른 혼인해야 할 텐데. 덕이가 아직 아무 말이 없는 게냐?"

아버지 말에 연이는 아궁이 불 색깔만큼 얼굴이 붉어졌다.

"아비가 모른다고 생각했느냐? 덕이가 우리 집에서 함께 살기는 좀 어렵겠지? 그러면 그냥 네가 덕이 집으로 가도록 해라. 신부가 남자 집에서 살거나, 혼인하자마자 분가한다고 흉이 되진 않을 테니 편히 가. 다 큰 딸자식 혼인도 안 시키면 그게 더 흉이지."

"그럼 어머니 병간호는 어떡해요?"

생각지도 못한 아버지 말에 연이의 목소리가 떨렸다.

"우리는 또 우리대로 잘 살 게다. 네가 그동안 번 돈도 따로 좀 모아 놨단다. 그거 보태서 혼인하도록 해. 네 어머니랑은

이야기 다 끝냈다."

"아, 아버지!"

"네가 아무리 숨죽여 운다고 한들 이 좁은 집에서 그게 안 들릴 성싶으냐? 부모를 나쁜 사람 만들지 말고 어서 덕이한테 혼인하자고 이야기해."

사실 연이는 덕이에게 헤어지자고 말한 뒤 사흘 밤 동안 이불을 뒤집어쓰고 몰래 울었다. 하지만 부모님이 들었을 거라고는 상상도 못 했다. 울음소리에 부모님 가슴이 아프셨을 걸 생각하니 연이는 그게 더 속상했다. 그래서 터져 나오려는 눈물을 삼키고 일부러 명랑하게 말했다.

"다 끝난 일이에요. 전 덕이보다 부모님이 더 좋아요."

"덕이는 아니던데? 저기 바가지, 좀 전에 덕이가 가져온 거야. 누에 먹일 뽕잎 따느라 한참 손 바쁠 시기에 오디 딴다고 집에서 쫓겨났다더구나."

"네? 덕이가요?"

고개를 돌리니 부뚜막 위 노란 박 바가지에 검붉게 익은 오디가 한가득 담겨 있었다. 달큰하게 잘 익은 오디 향이 코끝에 닿자 연이는 덕이가 더 보고 싶어졌다.

"너랑 혼인하고 여기서 살게 해 달라고 얼마나 매달리던지! 너랑 먼저 이야기하라고 말리느라 네 어미랑 내가 아주 혼이 났어. 자기 꿈이 우리 동네에서 누에 농사를 짓는 거라더구나. 덕이 동네에서는 제 형을 이길 수 없다나 어쩐다나! 아직 그리 멀리 못 갔을 거야. 어서 따라가 봐."

"아버지, 저 좀 나갔다 올게요."

연이는 어둑해진 마당을 달려 나가 덕이 마을로 뛰었다. 얼마 못 가 익숙한 뒷모습이 보였다.

"덕아!"

덕이가 연이를 돌아보며 활짝 웃었다. 덕이 뒤편으로 진한 보랏빛 밤하늘이 별들로 반짝이고 있었다.

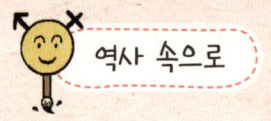 역사 속으로

구분 없는 부모 부양
고려의 남귀여가혼

'시집살이'라는 말을 들어 본 적이 있나요? 결혼 후 여성이 남성의 집, 즉 시댁으로 들어가 시부모님을 모시고 산다는 뜻이에요. 조선 시대는 시집을 가면 배우자가 죽어도 친정으로 돌아가지 못했어요. '죽어서도 이 집(시댁) 귀신'이라는 말이 생길 정도였지요. 그래서 자식 중 주로 맏아들 부부가 부모님이 돌아가실 때까지 봉양하고, 부모 제사도 아들만 올릴 수 있었어요. 그 결과 딸보다 아들을 낳길 원하는 남아 선호 사상이 짙어졌답니다.

하지만 삼국 시대와 고려 시대에는 딸 아들 구분 없이 부모를 봉양했어요. 고구려 때는 혼인하면 신부의 집 뒤꼍에 신랑이 '서옥'이라는 집을 지어 한동안 살다가 신랑의 집으로 가는 '서옥제'가 유행했어요. 고려 때는 신랑 집에서 혼인 후 신랑이 신부의 집에서 오랫동안 머무는 '남귀여가혼'이 일반적이었어요. 특히 고려에서는 자식이 딸 하나뿐이라면 사위가 처가에 남아 장인과 장모를 끝까지 봉양했지요. 조상의 제사도 딸이 주관하여 지낼 수 있어서 아들과 딸 선호도가 크게 차이 나지 않았어요.

  우리 선조는 1700년 전에도 낳고 키워 준 은혜를 갚을 기회를 똑같이 가질 수 있다고 생각했어요. 부모를 사랑하고 공경하는 마음은 아들과 딸 모두 크다는 것을 알고 있었답니다.

역사 속 정보 쏙쏙 — 주도적으로 혼인한 평강 공주

옛날에는 혼인할 사람을 주로 부모가 정해 주었어요. 그런데 자신이 원하는 사람과 당당하게 혼인한 공주가 있었어요. 바로 고구려 제25대 평원왕의 딸 평강 공주예요. 공주가 어릴 때 하도 울자 그때마다 아버지 평원왕은 "그렇게 울면 바보 온달에게 시집보낸다."며 딸을 달랬어요. 공주가 혼인할 나이가 되자 평원왕은 지위가 높은 집안 아들과 평강 공주를 혼인시키려 했지만 평강 공주는 "임금은 거짓말을 해서는 안 된다."며 평소 아버지가 말했던 대로 온달과 혼인하겠다고 말해요. 결국 궁을 떠난 평강 공주는 온달과 혼인했고, 동네에서 바보 소리를 듣고 자란 온달에게 학문과 무예를 열심히 가르쳤지요. 그 뒤 온달은 고구려에서 가장 훌륭한 장군이 되어 나라를 위해 목숨을 바쳤어요. 스스로 배우자를 정해 주도적으로 혼인 생활을 이끈 평강 공주는 1600년 전 이미 성 평등을 실천했다고 볼 수 있겠지요?

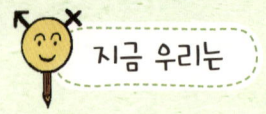 지금 우리는

간소화된 현대의 결혼 문화

　옛날에는 혼인을 한 가족과 다른 가족 사이의 맺음이라 생각했어요. 그래서 혼례식에도 양가 부모님 손님이 더 많았고, 혼례식은 부모님 손님을 극진히 대접하기 위해 크게 치러야 하는 행사가 되곤 했지요. 하지만 최근에는 결혼을 두 개인의 동등한 결합이라고 보는 인식이 많이 생기면서 부부의 가까운 가족과 친구들만 초대해 소박하게 치르는 결혼식이 많아졌어요. 규모뿐만 아니라 결혼식의 형식과 순서도 자유롭게 바뀌었어요. 예전에는 신랑이 먼저 입장하고 뒤이어 신부 아버지가 신부와 함께 입장한 뒤 신부의 손을 사위에게 건네던 것이 흔한 풍경이었어요. 요즘은 두 사람이 동등하게 새로운 삶을 시작한다는 의미에서 신랑 신부가 손을 잡고 함께 입장하거나, 신부와 신랑 모두 부모님 손을 잡고 입장하기도 해요. 신부가 시댁 어른들에게 인사드린다는 의미의 '폐백'과 같은 행사도 최근에는 많이 하지 않는다고 해요. 한쪽 식구들에게만 인사하는 의식이

부부가 함께 간소하게 준비하는 결혼 문화
예식비와 예단 준비 등으로 지출되는 결혼 비용이 커지자, 최근에는 불필요한 비용을 줄이고 독특한 방식으로 재미있는 결혼식을 올리는 작은 혼례 문화가 늘어나고 있어요.

공평하지 않다고 보는 거예요. 주례 과정도 생략하고, 모인 사람들 앞에서 부부의 다짐을 적은 편지를 읽는 것으로 간소화하기도 해요.

　예식뿐만 아니라 신혼살림 준비에도 변화가 생겼어요. 예전에는 여성이 남성 집으로 가서 살던 시집살이 풍습 때문에 주로 남성이 집을 장만하고 여성은 살림살이를 준비했어요. 하지만 최근에는 두 사람이 함께 자금을 마련해 집을 공동 명의로 사고, 혼수라 불리던 가전제품도 각자 쓰던 것을 가져오거나 살면서 하나씩 마련해요. 이렇게 서로를 존중하고 함께 의논해 결정하는 것은 집안 중심에서 부부 중심으로 결혼 생활에 대한 관점이 변했기 때문에 생긴 풍경들이에요.

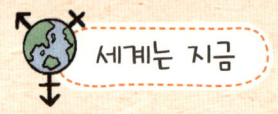 세계는 지금

핀란드의 자유로운 결혼 문화

해마다 세계 경제 포럼에서는 양성평등 지표라 할 수 있는 '성 격차 지수' 순위를 발표해요. 그 조사 발표에서 늘 1, 2등을 차지하는 핀란드는 결혼 문화에서도 높은 양성평등 의식을 보여요.

핀란드의 결혼 풍습은 부부가 가정을 이루려는 의지를 가장 중요하게 해요. 그 외에는 부부가 상의하여 다 생략할 수 있어요. 필수라고 생각하는 결혼식 행사까지도요. 핀란드 연인들은 서로 사랑하여 교제하다가 신뢰가 쌓이면 공동 명의로 집을 얻고 공동 명의 은행 계좌를 만들어 가정을 꾸릴 준비를 해요. 양가 어른들도 자녀에게 가장 친한 친구가 생겼다며 축하하고 격려하며 두 사람의 가정을 인정해 준다고 해요. 그렇게 힘을 합쳐 살다가 나중에 필요할 때, 예를 들어 직장에서 소득세를 내야 하거나 공동 재산이 커진 시기에 법적으로 혼인 신고를 해요.

핀란드에서는 '결혼식'이라는 형식도 원하는 사람들만 원하는 시기에

핀란드 전 총리 산나 마린의 작은 결혼식
산나 마린은 2019년 서른네 살의 나이로 핀란드 총리에 오르며 역대 세계 최연소 여성 정부 수반이라는 기록을 세웠어요. 산나 마린은 하객 40여 명만 초대한 가운데 작은 결혼식을 올려 큰 화제가 되었어요.

치른다고 해요. 실제로 산나 마린 핀란드 전 총리는 오랜 기간 동안 법률혼, 즉 혼인 신고만 한 채로 지내다가 15년이 지난 후 딸이 두 살이 되던 2020년 여름에 몇 장의 사진으로 결혼식을 했다고 사람들에게 알렸어요. 결혼식에도 여름 휴가에 맞춰 40여 명의 친구와 식구들만 초대했다고 해요. 대부분의 핀란드 사람들은 그 간소한 결혼식마저도 생략해요. 이렇게 핀란드의 결혼 문화는 모든 형식에서 벗어나 부부인 두 사람이 모든 것을 결정하고 책임진답니다.

6장

공평한 재산 상속의 씨앗,

고려의 분재기

아들딸 구분 없이 나누어라!

아버지 장례를 치른 뒤 가족이 모인 날이었다. 어머니와 단둘이 지내느라 심심했던 순이는 여기저기 응석을 부리며 돌아다녔다.

"오라버니, 오늘 집에 갈 거 아니지요? 오늘은 나랑 놀아 줄 거지요?"

순이는 집안 늦둥이였다. 언니와 오라버니까지 위로 형제가 넷이나 있지만 모두 열 살 차이가 넘고 다들 시집 장가를 가서 따로 살았기 때문에 만날 일이 잦지 않았다. 그래도 오기만 하면 귀엽다, 예쁘다며 순이의 응석을 받아 주었는데 오늘은 왠지 다들 평소 같지 않았다. 방 가운데 빙 둘러앉아 입을 꾹 다문 채 서로 말이 없었다.

이리저리 눈치만 살피던 순이는 작은 오라버니 손목을 슬그머니 잡아끌고 밖으로 나왔다. 가족들 분위기가 왜 이상한지 이유를 물어볼 사람은 터울이 가장 적어서 만만한 셋째 오라버니뿐이었다.

"오라버니, 집에 무슨 일이 있어요? 한여름인데 방 안 공기가 왜 이리 얼음장 같아요?"

잠깐 망설이던 오라버니는 무슨 비밀 이야기라도 하듯 순이의 귀에 손을 갖다 대며 조심스럽게 말했다.

"네가 어려서 다들 말을 안 한 모양이구나. 어쨌든 너도 알 건 알아야지."

셋째 오라버니가 들려준 이야기는 이랬다.

아버지가 죽기 전에 재산을 가족에게 어떻게 나누어 줄지를 글로 적어서 분재기를 만들어 놓았는데 그 분재기가 갑자기 사라졌다는 것이다. 그 와중에 큰 오라버니가 어머니와 형제들 몫까지 골고루 나누지 않고 무조건 상속 재산의 절반을 자기가 받아야 한다며 우긴다는 것이었다.

"큰 오라버니가요? 재산 절반을요?"

"그래. 아버지가 돌아가시기 전에 어머니를 잘 모시라면서 형에게 그렇게 유언을 남기셨다는데, 들은 사람도 없고 분재기도 없으니 여러 가지로 곤란한 거지."

그 말을 들으니 순이도 속이 상했다.

'그래서 며칠 전부터 큰 오라버니가 계속 집에 찾아왔던 거구나.'

큰 오라버니가 올 때마다 어머니는 굳은 얼굴로 집 안 구석구석을 뒤지며 뭔가를 찾았던 일이 떠올랐다. 순이는 그런 사연이 있는 줄 전혀 몰랐다.

그때 갑자기 마당에서 싸우는 듯 험한 소리가 들려 순이는 셋째 오라버니와 함께 얼른 소리 나는 곳으로 달려갔다. 마당에서는 큰 오라버니가 둘째 오라버니, 언니와 큰 소리를 내며 다투고 있었고 어머니가 어쩔 줄 모르는 표정으로 서 있었다.

"오라버니, 상속 재산 절반을 혼자 갖겠다는 건 말이 안 돼요. 아들딸 구분하지 않고 재산을 똑같이 나누는 일이 고려에서는 당연한 일이잖아요."

"그럼요, 형님. 분재기를 잃어버렸다고는 하지만 아마 아버지도 같은 뜻이었을 거예요. 형이 재산을 더 많이 받아야 할 이유가 없다고요."

"뭐라고? 나들 지금 내 말을 못 믿겠다는 게냐? 분명히 아버지가 내게 그렇게 유언을 남겼다는 데도?"

큰 오라버니는 얼굴이 벌게져서 소리쳤다.

순이는 이해가 되지 않았다. 아버지가 아파서 오랫동안 누워 지낼 때도 큰 오라버니는 집에 잘 오지 않았고, 아버지는 늘 그런 아들에게 서운해했었다. 그런 큰 오라버니에게 재산 절

반을 준다고 했다니, 다른 식구들이 큰 오라버니 말을 잘 믿지 못하는 게 어쩌면 당연했다. 그리고 아버지가 큰 오라버니에게 어머니를 부탁했을 리가 없었다.

순이도 가만히 있을 수가 없어서 큰 오라버니에게 야무지게 대들었다.

"큰 오라버니, 아버지가 살아 계실 때도 자식은 아들이든 딸이든 똑같다고 늘 말씀하셨잖아요. 아들이라고 재산을 더 받을 순 없어요."

순이를 항상 어린애 취급하는 큰 오라버니는 이번에도 순이 말을 들은 척도 하지 않았다.

순이는 더 약이 올랐다.

"어머니, 분재기라는 것이 대체 어떻게 생겼어요?"

한숨만 짓고 앉아 있던 어머니는 순이를 보며 하소연하듯 말을 뱉었다.

"요만한 함이야. 내가 일부러 누런 빛이 도는 명주 천으로 싸서 저 벽장 깊이 넣어 두었는데, 대체 어디로 사라졌는지 모르겠어. 휴, 그것만 있었어도 자식들끼리 이렇게 싸우는 일은 막았을 텐데."

두 손으로 함의 폭을 설명하는 어머니를 보는 순간, 순이 머릿속에 얼마 전 기억이 불현듯 떠올랐다.

"누, 누런빛이 도는 천이요?"

순이는 어머니 대답을 들을 사이도 없이 건넌방으로 뛰어가 구석에 있는 문갑의 고리를 풀었다. 그러고는 손을 깊숙이 넣어서 함 하나를 꺼냈다. 뒤따라온 작은 오라버니가 놀라서 소리를 질렀다.

"어머니! 순이가 찾았어요! 여기, 여기 아버지가 만드신 분재기가 있어요!"

순이가 아버지 심부름으로 벽장에 있던 함 하나를 옮긴 적이 있는데, 그때 착각을 해서 순이가 분재기 함을 문갑 안에 갖다 놓고는 까맣게 잊고 있었던 것이다.

그런데 깜짝 놀라서 우르르 몰려온 형제들과는 달리 큰 오라버니는 얼굴이 흙빛으로 변한 채로 굳어서 제자리에 꼼짝 않고 서 있었다.

어머니는 급히 함에서 분재기를 꺼내 그 안에 적힌 글을 큰 소리로 읽기 시작했다.

"집안 재산의 절반은 아내 필순이 시집올 때 가져온 것이므로 아내가 직접 관리하라. 나머지 재산은 똑같이 여섯 등분으로 나누어 내 아내와 자녀 다섯에게 아들딸 구분 없이 골고루 나눠 가지도록 하라."

어머니가 분재기 내용을 다 읽자 가족 모두 안도의 한숨을

내쉬었다. 내내 일그러졌던 얼굴들이 펴지면서 큰 오라버니를 뺀 형제들 얼굴에 화색이 돌았다.

"순이야, 네가 정말 큰 일을 해냈구나. 형제들끼리 큰 싸움이 날 뻔한 것을 네가 막았어."

그 말에 큰 오라버니는 얼굴을 붉히고 흠흠 헛기침을 하며 자리를 피하려 했다.

그때 어머니가 큰 소리로 말했다.

"잘 들어라. 부모에게 자식은 아들딸 구분 없이 똑같이 소중해. 나중에 내가 쓴 분재기가 사라진다고 하더라도 너희는 재산을 모두 똑같이 나누도록 해라."

순이는 그제야 환하게 웃으며 어머니를 꼭 끌어안았다.

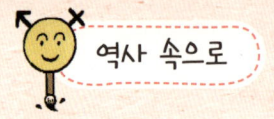
역사 속으로

공평한 재산 분배
고려의 분재기

　고려 말의 학자 이제현이 1342년에 지은 수필집 《역옹패설》에는 고려 시대 재산 상속 문화를 잘 보여 주는 역사적 자료가 기록되어 있어요. 고려의 문신 손변이 경상도 안찰 부사로 갔을 때 부모의 재산 상속 문제로 여러 번 재판을 한 남매가 찾아왔어요. 부모가 사망하기 전 딸에게 전 재산을 상속하고, 남동생인 아들에게는 검은 옷 한 벌과 모자 하나, 신발 한 켤레, 흰 종이 이렇게 네 가지만 남겼다고 해요. 부모가 사망할 당시 누나는 이미 혼인한 상태였고, 남동생은 어린 나이였다는 말을 들은 손변은 지혜롭게 판결해요. '부모는 혼인을 한 누나가 어린 동생을 잘 돌볼 것이라고 생각했을 것이다. 그것이 아니라면 너희 부모는 남동생이 자라서 이 검은 옷을 입고 모자를 쓰고 흰 종이에 소송할 글귀를 적어서 저 신발을 신고 관아까지 가서, 상속 재산의 절반을 나눠 받을 수 있다고 생각한 것이니 부모의 뜻대로 재산을 반으로 나누어라.' 이 말을 들은 누나는 결국 재판 결과를 받아들였지요.

고려 시대에는 재산 상속을 두고 아들과 딸을 차별하지 않았어요. 조선 전기에 작성된 법전 《경국대전》에도 아들과 딸을 구분하지 말고 재산을 똑같이 상속하라는 내용이 적혀 있어요. 하지만 조선 중기와 후기를 지나면서 재산 상속 방식에 변화가 생겨요. 조선의 지배 이념인 성리학은 부모를 잘 모시며 조상에게 제사 올리는 것을 중시해 집안의 큰아들에게 그 책임을 지웠어요. 그 대가로 부모는 더 많은 유산을 큰아들에게 남기는 풍습이 생겼는데, 이것이 오늘날까지도 이어져 '남아 선호 사상' 등의 부작용을 남기기도 했지요.

> **역사 속 정보 쏙쏙** **율곡 이이의 분재기**
>
> 조선 중기의 이름난 유학자였던 율곡 이이의 분재기에는 높은 성 평등 의식이 담겨 있어요. 1566년 5월, 이이의 집에 형제자매가 모였어요. 이이의 아버지인 이원수, 어머니인 신사임당은 죽기 전 일곱 남매에게 공평하게 재산을 나누는 일을 의논하고 이를 모두 기록으로 남겼어요. 이이의 분재기에는 가장 먼저 《경국대전》의 균분 상속(재산을 상속할 때 상속 대상자 모두 공평하게 상속하는 일) 원칙에 따른다고 적혀 있어요. 그리고 아들딸 구분 없이 태어난 순서에 따라 이름을 적고 땅과 노비까지 공평하게 나누었어요. 이뿐만이 아니에요. 제사는 큰아들 집에서 지내되 해마다 한 명씩 돌아가며 제사를 준비하고, 그에 필요한 돈도 자녀가 나눠 내도록 했지요. 이이의 분재기는 책임도 권리도 공평하게 나누려고 한 점이 특히 돋보인답니다.

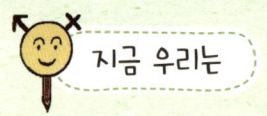 지금 우리는

자녀에게 똑같이 상속하라는 민법

　민법은 개인의 권리와 관련된 법규를 통틀어 이르는 것으로, 개인 간의 상속 문제는 주로 민법에서 다뤄요. 우리나라에 민법이 만들어지고 시행된 것은 1960년대예요. 그런데 이때만 해도 관습법(관행에 따라 굳어져 법의 효력을 갖게 된 법)에 따라 큰아들에게 모든 재산을 상속하는 것이 가능했답니다.

　하지만 성 평등 의식이 커지고 상속과 관련된 재판도 많아지면서 법을 고쳐야 한다는 목소리가 커졌어요. 그래서 1979년 개정된 민법에서는 장남이 재산 전체의 1.5, 아들과 결혼하지 않은 딸은 1, 결혼한 딸은 0.5를 상속받도록 했어요. 이때에도 장남에게 재산을 더 많이 상속하고 결혼한 딸은 장남에 비해 1/3 정도만 상속받을 수 있었지요.

　민법의 불평등한 상속 제도를 일부 바로잡고 성 평등에 관한 내용이 반영되기 시작한 것은 1991년에 개정된 민법부터예요. 아들과 딸, 그리고

유류분 제도 첫 공개 변론이 진행 중인 헌법 재판소
유류분 제도란, 상속인인 배우자와 자녀, 부모, 형제자매에게 법정 상속분의 일정 비율을 보장하는 제도를 말해요. 어머니가 사망하면서 장학 재단에 재산을 기부하겠다는 유언을 남기자 자녀들이 유류분을 침해당했다며 재단에 소송을 제기했고, 헌법 재판소가 유류분 제도 관련 위헌 심판을 위한 공개 변론을 열었어요.

결혼 여부와 상관없이 자녀가 모두 똑같은 재산을 상속받게 된 것이 불과 30여 년 전 일이라는 사실이 놀랍지 않나요?

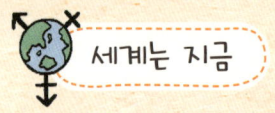 세계는 지금

양성평등한 재산 분배를 위한 노력

　유엔의 통계에 따르면, 여성이 소유한 토지는 전 세계 토지의 15퍼센트 미만에 불과하다고 해요. 이처럼 21세기에 들어서도 재산 상속과 토지 소유의 성 차별 문제는 여전히 해결해야 할 과제예요. 특히 몇몇 나라에서 종교, 경제, 문화 등을 이유로 여성이 토지를 소유하지 못하게 하고 재산도 남성에게만 상속하고 있어요.

　이런 불합리한 현실에 맞서 소유와 상속의 성 평등을 위해 애쓰는 여성들이 있어요. 아프리카 북서부 라이베리아에 사는 리타는 전쟁 중 아버지를 잃었어요. 전쟁이 끝난 후 고향으로 돌아왔지만 리타를 포함한 세 자매는 아버지 땅을 상속받을 수 없다는 통보를 받았어요. 왜냐하면 라이베리아에서는 아들만 토지를 상속받을 수 있었거든요. 이후 30년 가까이 지난 2018년, 라이베리아 대통령이 여성도 토지를 소유할 수 있도록 법을 제정했고 리타는 땅을 찾기 위해 법적 소송을 진행 중이에요.

세계 여성의 날 기념 행진
케냐 여성들이 수도 나이로비에서 경제적, 정치적, 사회적 평등을 요구하며 거리 행진을 벌이고 있어요. 유엔 식량 농업 기구(FAO)가 조사한 보고서에 따르면, 전 세계 농촌 지역에서 여성들이 토지 소유, 금융 서비스, 교육 분야에서 평등한 대우를 받을 경우 1억 5천만 명 이상의 기아 인구에 식량을 공급할 수 있을 정도로 농업 생산을 늘릴 수 있다고 보았어요.

　인도 역시 헌법에서는 성 평등의 원칙을 내세우지만, 종교가 중시되는 실제 생활에서는 남성 위주의 문화가 널리 퍼져 있어요. 인도 북동부에 사는 무슈타크라는 여성은 6남매 중 막내였어요. 45세이지만 결혼을 하지 않았다는 이유로 재산을 거의 상속받지 못하고 남동생이 사 준 땅에 겨우 집을 짓고 살고 있어요. 하지만 무슈타크는 인도 여성들에게 금지된 것들을 깨자는 운동에 참여하고 있지요.

　아프리카 르완다에서도 여성은 재산을 소유할 수조차 없었어요. 하지만 여러 정책과 교육을 통해 재산 상속과 소유의 성 평등을 위해 노력한 결과, 현재는 우리나라보다 훨씬 높은 세계 성 평등 지수를 자랑해요.

7장

호국 보훈의 씨앗,
여성 독립운동가들

내가 갈게요, 엄마!

여경은 오늘 밤 엄마가 임무를 하러 나갈 거라고 확신했다. 엄마가 평소보다 저녁을 서둘러 먹고 일찍 자자고 한다는 것은 일종의 신호였다. 게다가 오늘은 밥상에 고깃국도 올라왔다. 쌀이 거의 다 떨어져서 밥보다 된장 나물죽을 더 자주 먹었는데 갑자기 소고기와 무가 가득 든 뽀얀 국이라니, 말이 되지 않았다.

"엄마, 또 위험한 임무 맡았어요?"

"그게 무슨 말이야?"

"나, 아까 약산 삼촌 왔다 가시는 거 봤어요. 삼촌이 왔다 가고 나면 쌀밥에 고깃국이 올라오고, 꼭 다음 날 엄마가 다쳐서 들어왔잖아요."

"여경아, 누군가는 꼭 해야 하는 일이야. 엄마는 비겁해지기 싫어."

"돌아가신 아빠도, 지금 엄마도, 자랑스럽긴 해요. 근데 엄마까지 없으면 난 혼자잖아요. 나 무서워요, 엄마."

"걱정하지 마. 엄마는 오래오래 여경이 옆에 있을게. 그러려고 독립운동하는 거야! 여경이랑 우리나라에서 정말 행복하게 살고 싶어서."

"대신 꼭 무사히 돌아와야 해요. 아빠처럼 안 오면 안 돼요. 알았지요?"

여경은 쏟아질 것 같은 눈물을 감추려고 고개를 푹 숙였다. 그러고는 밥을 국에 가득 말아서 마시듯 먹었다.

"여경이가 밥을 잘 먹으니까 엄마 마음이 정말 좋다. 금방 상 치우고 올게, 같이 눕자!"

엄마는 상을 들고 부엌으로 나갔다.

문틈으로 11월의 찬 기운이 훅 들어와서 여경은 재빨리 아랫목 이불 속으로 파고들었다. 따뜻하고 좋았지만 포근한 엄마 냄새가 없어서 영 아쉬웠다.

'아, 있다! 엄마 냄새.'

여경은 벌떡 일어나 엄마의 옷장 문을 활짝 열었다. 그러고는 가장 보드라운 옷을 찾으려 손을 깊이 넣고 휘저었다. 순간 손끝에 옷이 아닌 다른 감촉이 느껴졌다. 끌어내어서 보니 오래된 가죽 가방이었다. 잠시 망설이던 여경은 궁금함을 참지 못하고 지퍼를 열었다. 가방 맨 위쪽에 동그랗게 둘둘 말린 분홍색 스웨터가 있고 그 밑으로 작은 나무 상자들이 가득했다.

'이 옷이 왜 여기 있지?'

엄마가 특별히 아끼는 옷이었다. 일본 순사에게 목숨을 잃은 아빠가 마지막으로 사 준 스웨터였다. 엄마는 깊은 밤 종종 이 옷에 얼굴을 묻곤 했다. 그럴 때마다 엄마 어깨가 조용히 들썩였지만 여경은 못 본 척 돌아누워 잠을 청하곤 했다.

여경은 두 손으로 조심스레 엄마 스웨터를 꺼냈다. 좋은 털실로 두툼하게 짠 스웨터는 제법 묵직했다. 코끝에 스치는 엄마 향기에 다시 기분이 나른해진 여경은 옷을 조심스레 품에 안고 이불 안으로 들어갔다. 그러고는 자기도 모르게 스르륵 잠이 들었다.

한참을 자다가 여경은 서늘한 기운에 잠을 깼다. 방에 불이 꺼진 걸로 봐선 엄마가 들어왔을 텐데 여경의 옆자리는 여전히 비어 있었다.

"앗, 잘 다녀오시라고 인사도 못 했는데!"

놀란 여경이 벌떡 일어나 불을 켰다. 그 바람에 안고 있던 엄마 스웨터가 바닥에 떨어졌다.

툭.

옷이 떨어진 소리라고 여길 수 없는 둔탁한 소리가 났다. 여경은 돌돌 말린 스웨터를 펼쳤다.

"세상에나, 이게 뭐야!"

누가 들을세라 여경은 재빨리

스스로 입을 막았다. 분홍빛 스웨터 안에서 떨어진 물건은 차가운 감촉의 검은 권총이었다.

여경은 오늘 기억을 되짚어 봤다. 낮에 왔던 약산 삼촌이 엄마에게 관동군 사령관, 장춘 호텔 같은 단어를 말한 것이 떠올랐다. 여경은 다시 옷장을 뒤졌지만 가죽 가방이 보이지 않았다. 꺼내지 말아야 할 물건을 꺼낸 것 같았다. 마음이 급해진 여경은 권총을 스웨터 팔 부분에 넣고 어깨와 팔목을 한 번씩 묶었다. 그러고는 다시 단단히 말아 품에 안았다.

여경은 무작정 장춘 호텔로 향했다. 깊은 밤 어두운 골목만 골라 걷다가 몇 번이나 살얼음에 미끄러져 넘어졌지만 아픈 줄도 몰랐다. 호텔 불빛이 코앞에 보이자 여경의 발걸음이 더욱 빨라졌다.

"거기 누구야!"

맘이 급한 여경의 서툰 몸짓에 일본 순사가 인기척을 느꼈다. 여경은 재빨리 수레 밑으로 숨었다. 눈이 어설프게 녹아

질척거리는 진흙 바닥이었지만, 어쩔 수 없었다. 여경은 최대한 안 보이게 바닥에 몸을 붙였다. 살을 에는 듯한 추위를 참아 보려고 여경은 이를 악물었다.

"잘못 본 거 아니야? 아무도 없는데?"

"아니, 분명히 내가 희끗한 걸 봤어."

여경의 귀에 순사의 발자국 소리가 쿵쿵 울렸다. 그러다 갑자기 눈앞이 환해졌다.

"거 봐, 내가 뭐 있다고 했지?"

수레가 치워지고 여경은 순사의 손에 멱살을 잡혀 가볍게 번쩍 들렸다.

"더러운 조선 꼬마. 너 왜 독립군마냥 숨어 있어?"

"그, 그냥 엄마가 호텔에서 일하시는데 퇴근하고 같이 가려고 기다리고 있었어요."

"어라? 이건 뭐야. 내놔 봐!"

곁에 있던 순사가 여경이 안고 있던 스웨터를 발견했다.

"엄마 옷이에요! 집에 갈 때 추울까 봐 가져온 거라고요."

"이렇게 고급 옷은 조선인에겐 어울리지 않아. 내놔!"

순사는 옷을 쥔 여경의 손목을 비틀었다.

"으아아악!"

고통스러워 소리를 지르면서도 여경은 스웨터를 놓치지 않았다.

"네가 언제까지 버티나 보자."

순사들은 여경을 바닥에 던져 놓고 밟기 시작했다. 여경은 스웨터를 품에 안고 몸을 동그랗게 말았다. 큰 군홧발이 여경을 사정없이 걷어찼다. 이윽고 이마에 뜨거운 기운이 오르더니 피가 터져 흘렀다. 이제 걷어차이는 건 아프지도 않았다. 의식이 희미해질 무렵 호텔 쪽에서 커다란 고함이 들렸다.

"거기서 뭐 해, 빨리 와! 독립군이 잡혔어. 여자가 폭탄으로 무장하고 들어왔을 줄 누가 알았겠냐고."

순사들은 여경에게 하던 발길질을 멈추고 호텔 쪽으로 뛰며

화를 내었다.

"이거, 큰일 났네. 우리가 계속 지키고 서 있었는데 어떻게 들어갔지?"

"질긴 조선 놈들! 저 하나로 뭐가 달라진다고 계속 이러냐. 하아, 오늘 밤도 골치 아프게 생겼네!"

바닥에 쓰러져 있던 여경은 순사의 말에 정신이 번쩍 들었다. 엎어진 채로 고개만 들고 끌려 나오는 사람을 보려고 애썼지만 이마에서 흐르는 피 때문에 잘 보이지 않았다. 여경은 소매로 피를 닦고 눈을 다시 크게 떴다. 잡힌 독립군은 역시 엄마였다. 엄마는 이미 많이 맞았는지 피투성이였고, 제대로 걷지도 못해 양쪽 순사 팔에 붙들려 질질 끌려 나오고 있었다.

"어, 엄…… 흡!"

여경이가 크게 엄마를 부르려던 순간 누군가 입을 막았다. 약산 삼촌이었다.

"여경아, 지금 엄마를 부르면 너도 죽어."

"으흐흑."

"알아, 네 마음 다 알아. 그래도 여기서 너까지 잡혀가면 엄마가 너무 슬퍼할 거야. 삼촌이랑 가자. 엄마는 삼촌 동료들이 꼭 구할게."

약산 삼촌은 여경을 가뿐하게 안아 올려 민첩하게 어둠 속으로 몸을 숨겼다.

여경은 약산 삼촌 품에 얼굴을 묻고 흐느꼈다.

"삼촌, 엄마 구하러 나도 갈 거예요. 밥 잘 먹어서 힘도 기르고, 엄마 총으로 사격 연습도 열심히 해서 엄마도 구하고 아빠 복수도 할 거야. 으흐흑!"

"그래, 그러자. 삼촌이 도와줄게."

삼촌의 떨리는 목소리에 여경은 한 손으로 약산 삼촌을, 다른 한 손으로는 엄마의 스웨터를 꽉 붙잡았다.

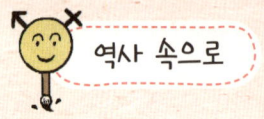
역사 속으로

함께 해낸 항일 투쟁
여성 독립운동가

　여성 독립운동가의 활약상은 남성 독립운동가보다 상대적으로 덜 알려져 있어요. 여성 독립운동가들은 '송죽회'와 같은 항일 비밀 단체를 결성해 독립 운동 자금을 마련하는 등 뒤에서 조용히 지원 활동을 펼치기도 했지만, 직접 참여해 활약한 일도 많았어요.

　1931년, 제주에서는 해녀들을 중심으로 1만 7천여 명이 참여한 제주 해녀 항일 운동이 전개되었어요. 특히 해녀 부덕량은 주동자로 잡혀 고문당하고 스물여덟 살의 젊은 나이에 목숨을 잃었지요. 임신한 몸으로 폭탄을 투척하다 일본 경찰에 체포되어 사형 선고를 받은 독립운동가도 있어요. 배 속의 아이도 목숨처럼 소중하지만, 나라도 그만큼 소중하다고 말한 독립운동가 안경신 선생이에요. 또한 〈대한독립여자선언서〉에는 여성이 남성에 비해 몸은 허약하지만 죽기를 각오하며 독립운동에 나서는 것이 중요한 의무라고 쓰여 있어요.

무장 독립 단체에서 저격수나 폭탄 테러 활동을 펼치거나, 독립 자금을 모아 운반하고 독립운동가의 은신처를 마련하는 등 중요한 임무에 여성 독립운동가들이 크게 활약했어요. 나라가 위태로울 때는 남녀가 따로 있지 않았어요. 모두 함께 포기하지 않고 독립을 위한 활동을 펼쳐서 결국 일본을 몰아내고 나라를 되찾을 수 있었지요. 우리가 지금 누리고 있는 자유는 남녀를 가리지 않은 애국심 덕분이랍니다.

> **역사 속 정보 쏙쏙** **영화로 되살아난 독립운동가**
>
> 독립운동가 안중근 의사의 유명한 손도장을 본 적 있나요? 이 손도장에는 네 번째 손가락이 없어요. 안중근 의사가 이토 히로부미를 저격하기 전, 동지들과 모여 왼손 네 번째 손가락을 끊어 혈서를 쓰고 독립에 대한 의지를 다졌지요. 손가락을 잘라 혈서를 쓴 독립운동가가 또 있어요. 바로 남자현 열사예요. 남자현 열사는 남편이 의병 활동을 하며 일본군과 싸우다 전사하자 직접 독립운동에 뛰어들었어요. 1919년 만주로 망명해 의병들을 지원하고 여성 교육에 힘쓰면서, 일본 제국주의 주요 인사에 대한 암살 작전에 참여하기도 했어요. 남자현 열사는 거사일에 무기를 지니고 잠입 작전을 펼치다 일본 경찰에 체포되어 옥중에서 숨을 거두고 말았어요. 천만 명이 넘는 관객의 사랑을 받은 영화 〈암살〉에서 전지현 배우가 맡은 안옥윤 역의 모델이 바로 남자현 열사였답니다.

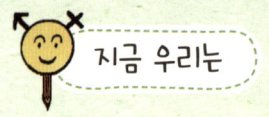 지금 우리는

독립군의 정신을 잇는 한국 여군

　1950년 6·25 전쟁 당시 국방의 의무가 없음에도 스스로 지원하여 군인이 된 여성들이 있어요. 그들은 남성과 같은 강도 높은 훈련을 받고 전쟁터를 누비며 전투 활동은 물론 간호, 심리전, 행정 및 전투 지원 등 다양한 곳에서 눈부신 활약을 펼쳤어요. 바로 현재 우리나라 여군의 시초가 된 여성 의용군이에요. 나라를 지키는 일에는 남녀가 따로 없다는 독립군의 정신이 계속 이어져 온 것이지요.

　최근에는 군에도 부대 내 일반 사병뿐만 아니라 여성 지휘관도 점점 늘어나고 있어요. 2010년에는 전투 분야에서 첫 여성 장군이 나왔고, 2020년에는 해군이 만들어진 이후 군함(전쟁 시 사용하는 배)의 첫 여군 함장(군함의 우두머리)이 탄생했지요. 2017년에는 공군에서 처음으로 여성 전투 비행 대장이 나왔답니다. 장군이나 함장, 전투 비행 대장은 작전이나 훈련, 교육 등을 전체적으로 지휘하는 아주 중요한 자리이기 때문에 그 의

여성 의용군 교육대 1기생 이인숙 할머니
이인숙 할머니는 오늘날 대한민국 여군의 모태가 된 '여성 의용군' 교육대 1기생이에요. 한국 전쟁에 군인으로 직접 참전한 할머니는 일반인과 학생을 대상으로 전쟁의 비극을 생생히 전하는 강연을 활발하게 펼치고 있어요.

미가 매우 커요. 성별 차이보다 능력을 중요하게 생각했다는 뜻이거든요. '남성 군인'과 '여성 군인'을 구별하거나 차별을 두지 않고, 나라를 지키고자 하는 마음은 똑같은 '군인'으로서 평등한 성 의식이 반영된 군대는 군사 강대국으로 가는 든든한 밑거름이 될 거예요.

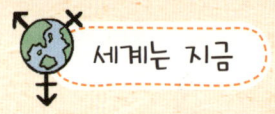 세계는 지금

모든 영역으로 나아가는 세계 속 여군

　최근 세계적으로 여군의 영향력이 날로 강해지고 있어요. 오랜 옛날에는 여성이 타면 배가 침몰한다는 잘못된 미신 때문에 남성만 전함에 탈 수 있었어요.

　하지만 지금은 여성도 전함에 탑승하는 것은 물론 전함을 진두지휘하는 함장 지위를 여군이 맡기도 해요. 최근 미국의 해군 군함 유에스에스(USS) 컨스티튜션호의 함장에 빌리 패럴 중령이 임명되었어요. 1797년에 건조되어 220년이 넘는 역사를 가진 유에스에스(USS) 컨스티튜션호는 미국 해군의 뿌리와 같다고 일컬어지는 유명한 군함이에요. 이런 유서 깊은 군함의 함장을 여군이 맡게 된 것은 상징성이 커요. 또한 미국이 자랑하는 핵 추진 항공 모함인 유에스에스(USS) 에이브러햄 링컨호의 지휘관도 여군인 에이미 바우에른슈미트 대령이 맡았어요. 항공 모함에 여성 지휘관이 임명된 것은 미 해군 역사상 처음이라고 해요.

미 해군 역사상 최초의 여성 항모 함장
에이미 바우에른슈미트 대령은 245년 미 해군 역사상 첫 여성 핵 추진 항모 함장으로 발탁되었어요. 에이미 대령은 "여성이 해군으로서 성과를 이루고 기회를 얻는 데 성별에 좌우되지 말아야 한다."라고 하면서 리더가 되기 위해서는 다른 사람의 이야기를 잘 경청하고, 기회를 잘 잡으라고 후배들에게 조언했어요.

    노르웨이에서는 전 세계에서 유일하게 여군으로만 구성된 특수 부대인 예거트로픈(Jegertroppen)이 있어요. '사냥 부대'라는 뜻을 지닌 이 부대는 2014년 만들어졌으며, 사격과 혹한기 훈련, 공수 훈련, 야전 치료, 극지 생존, 근접 전투 훈련 등 혹독한 훈련을 거친다고 알려져 있어요. 예거트로픈에서 받는 훈련은 남성으로 이루어진 특수 부대 훈련과 강도나 난이도 면에서 차이가 없다고 해요.

    군대에서 여성 지휘관이 임명되었다는 것이 놀랄 만한 기사가 된다는 점은 우리 사회가 여전히 성 평등이 제대로 자리 잡지 못했다는 뜻일 수 있어요. '군인' 앞에 성별을 달지 않아도 이상하게 여겨지지 않은 그런 날이 언젠가는 올 거라고 믿어요.

8장

종교·사상 평등의 씨앗, 조선의 동학

다시 우리랑 살자!

현이는 화를 참느라 주먹을 꼭 쥐었다. 세상에서 제일 다정했던 누이가 시댁 어른들한테 구박받고 있었기 때문이다. 절대 들키지 않고 누이 얼굴만 보고 오겠다고 한 어머니와의 약속만 아니면 벌써 마당으로 뛰어 들어갔을 것이다.

"죄송해요, 어머니."

누이는 또 시어머니한테 빌고 있었다. 가만 들어 보니, 누이가 어른들 상을 차려 드리고 부엌에 서서 겨우 밥을 한술 뜨고 있었는데 물심부름을 제대로 하지 않았다며 야단을 듣는 것이

었다. 화가 나고 속상했지만 현이는 참을 수밖에 없었다. 지난번에도 비슷한 꼴을 보고 참지 못하고 뛰어들었다가, 친정 식구를 집으로 함부로 불러들였다며 누이가 더 크게 구박받았기 때문이다. 현이는 이를 악물고 더디게 흘러가는 시간을 참고 또 참았다. 이윽고 누이의 시어머니가 고함을 멈추고 사립문을 나섰다. 그제야 현이는 마당에 쪼그려 혼자 울고 있는 누이에게 다가갔다.

"누이, 괜찮아? 미안해. 말리고 싶었는데 누이가 더 혼날까 봐 말 못 했어."

"아냐, 내가 미안해. 이렇게 못난 모습을 보여서. 어머니 아버지께는 비밀로 해 줘. 속상하실 테니까."

"그냥 우리 집에 가자! 다시 시집가면 되지. 나, 다 알아. 신랑이 아파서 첫날밤도 못 치렀다면서! 상진이 형이 아직도 누이를 못 잊었단 말이야."

"아냐, 진짜 괜찮아. 그러니 어서 가 봐. 너 여기 온 거 아버지 아시면 너까지 야단맞을지도 모르잖아."

누이는 애써 웃으며 현이를 문밖으로 내보냈다.

발걸음이 도저히 떨어지지 않았지만, 누이의 다른 시댁 식구들이라도 마주치면 누이가 더 혼날까 봐 현이는 터덜터덜 집으로 돌아왔다.

현이가 누이에게 다녀온 사실을 어머니를 통해 안 아버지는 회초리를 꺼내 현이 종아리를 쳤다.

"누이는 이제 죽어도 그 집 귀신이야. 넌 왜 자꾸 찾아가!"

아버지 말에 현이는 동네 어귀에 세워진 열녀문이 떠올랐다. 전쟁에서 남편이 죽자 어린 시누이와 함께 자결한 부인의 절개를 높이 산다며 나라에서 세운 문이었다. 현이는 그 문이 싫었다. 어린 여자아이와 젊은 여자가 스스로 목숨을 끊었는데, 그걸 잘했다며 칭찬하는 나라님도 미웠다. 고생하는 누이를 다시 데려오지 않는 아버지도 미웠다.

한참을 맞아도 현이 입에서 잘못했다는 말이 나오지 않자, 아버지도 결국 회초리를 꺾고 밖으로 나갔다.

"어머니, 우리 그 집에 가서 누이를 데려와요. 진짜 저러다가 큰일 나겠어요. 그 집 어른이 누이를 얼마나 구박하는지 몰라요. 밥도 제대로 못 먹는지 말라서 뼈만 남았다고요.”

현이는 어머니께 매달리며 하소연했지만, 어머니는 아랫입술을 깨물다 말 뿐 아무 말도 하지 않았다. 답답해진 현이는 소리를 지르며 집을 뛰쳐나갔다. 그대로 있다가는 가슴이 터져 버릴 것만 같았다.

어둑어둑해지는 것도 아랑곳 않고 한참을 달리다 보니 어느새 누이가 사는 동네까지 다다랐다. 그곳은 누이가 빨래를 하던 개울가였다. 누이가 보고 싶은 마음에 자기도 모르게 발걸음이 그곳에 닿은 것 같았다.

“어, 현이 아냐?”

등지고 있던 검은 그림자가 말을 걸었다. 생각지도 못한 만남에 현이는 잠깐 놀랐지만 익숙한 목소리였다.

“동구?”

“너도 누이 보러 온 거냐?”

동구는 자기 옆자리를 툭툭 털어 앉을 자리를 마련해 주었다. 마을에서 유일하게 현이 마음을 잘 아는 친구였다. 동구의 누이도 이 동네에서 힘든 시집살이를 하고 있었다. 그래서 현이도 종종 힘든 마음을 동구에게 털어놓았다.

"아까 누이를 보고 왔는데……."

뼈만 남은 누이 얼굴이 갑자기 떠올라서 현이는 잠시 말을 삼켰다. 울컥 눈물이 솟았다. 동구가 작은 돌멩이 하나를 집어 들더니 시냇물을 향해 휙 던지며 먼저 말을 꺼냈다.

"사실 나도 아까 누이를 보고 왔어. 오늘도 매를 맞고 있더라고."

"아! 세상에."

"그런데 내가 할 수 있는 일이 하나도 없었어. 그 상황에 내가 뛰어들어 봤자, 나 때문에 누이가 나중에 더 심하게 매를 맞았겠지."

침묵 사이로 시냇물 흐르는 소리만 들릴 뿐이었다.

동구가 다시 커다란 돌멩이 하나를 집어 들더니 시냇물을 향해 힘껏 던졌다.

"그래서 결심했어. 나, 힘을 더 키우려고!"

"어떻게? 방법이 있어?"

"너, 혹시 동학이라고 들어 봤냐?"

"동학?"

지금 누이들 생사를 걱정하고 있는데 무슨 뚱딴지같은 소리인가 싶었다.

"동학을 믿는 사람들을 만났는데 그 사람들이 그러더라. 사람은 모두가 하늘이라, 모든 사람은 똑같이 귀한 존재라고 했어. 그래서 내 누이도 그리 살지 않아도 된다고."

"모두가 하늘이라니, 그게 무슨 소리야?"

"가서 이야기를 들으면 너도 알게 될 거야. 오늘 같이 가 볼래?"

알쏭달쏭한 말이 잘 이해되진 않았지만, 뭔가 해결책이라도 들을 수 있을까 하는 마음에 현이는 동구를 따라나섰다.

한참을 걷던 동구는 희미한 불빛이 켜진 집 대문을 두드렸다. 이윽고 문이 열리고 안내하는 사람을 따라 들어가자 사람들 수십 명이 모여 앉아 한 어르신의 말을 듣고 있었다. 현이도 한쪽 구석에 앉아 어르신이 하는 말에 조용히 귀 기울였다.

"여자는 시댁의 재산이 아니에요. 똑같이 귀한 사람입니다. 원하면 친정에도 갈 수 있어야 하고, 남편이 세상을 죽으면 다시 시집갈 수도 있어야 해요. 과부의 재혼을 금지한 '과부 재

가 금지법'은 악법입니다."

어르신의 말을 듣다가 깜짝 놀란 현이는 저도 모르게 큰 소리로 되물었다.

"어르신, 그 말이 참말이에요? 그럼 남편도 일찍 죽고, 시댁에서 매 맞고 사는 우리 누이도 다시 집에 올 수 있어요?"

어르신이 고개를 끄덕였다.

"그럼, 그렇고말고. 사람은 어른이건 아이건 모두 한울님과 마찬가지로 귀한 존재란다. 여자라고 다르겠느냐? 우리는 모두 마음에 하늘을 품고 있기 때문에 똑같이 귀하지. 네 누이도 마찬가지야. 그러니 남편도 없는 시댁에서 평생 구박받고 살 이유는 없어."

인자하게 미소 띤 얼굴로 누구보다도 진지하게 말하는 어르신의 대답에 현이는 연신 손등으로 흐르는 눈물을 훔쳤다.

시집간 지 한 달도 안 되어 신랑이 병으로 세상을 떠나고, 시댁 식구들의 모진 구박을 받으며 사는 누이가 늘 안쓰러웠던 현이는 어떻게든 누이를 그 집에서 탈출시키고만 싶었다. 그런 현이에게 '과부 재가 금지법'을 없애겠다는 말은 어느 때보다 큰 위로가 되었다.

모임이 끝나자마자 현이는 누이에게 다시 달려갔다. 늦은 시간이었지만 누이는 잠이 안 오는지 마당 구석 장독대 옆에 우두커니 혼자 앉아 있었다.

"누이?"

"현아! 너 아직도 집에 안 갔어?"

"나 할 말이 있어서 다시 왔어. 내가 동학을 믿는 사람들한테서 이야기를 들었는데, 거기서 과부 재가 금지법을 없애는 운동을 할 거라고 해."

"그게 무슨 소리야? 과부 재가 금지법을 없애다니?"

"동학에서는, 사람은 태어날 때부터 모두 하늘이라 똑같이 귀하다고 했어. 어른, 아이, 노인, 여자 할 것 없이 모두 다 빠짐없이 귀하다는 거야. 그래서 노비도 없애고, 과부 재가 금지법도 없애는 운동을 할 거래. 그 법이 없어지면 누이도 그렇게 구박받으며 참고 살지 않아도 되잖아."

"그 법이 그렇게 쉽게 없어질까?"

"그래서 나 그 동학이라는 거 한번 믿어 보려고. 과부 재가 금지법이 없어지면 누이랑 다시 함께 살 수 있을지도 모르잖아."

현이의 심장이 갑자기 빠르게 뛰었다. 말해 놓고 보니 정말 그런 날이 금방이라도 올 것만 같았다. 현이는 모임에서 들은 어르신 이야기를 누이에게 찬찬히 전했다.

"모든 사람이 다 하늘처럼 귀하다니, 그 이야기를 듣는데 가슴이 뛰었어. 우리 같은 사람들은 태어나서부터, 우리가 귀하다는 이야기를 들어 본 적 없잖아. 생각보다 많은 사람이 동학을 따르고 있었어. 가만 들어 보니 정말로 그런 세상이 곧 이루어질 수도 있을 것 같았어."

"그래서 동학을 하는 사람들은 어떻게 모이는 건데? 현아,

나도 거기 가 볼 수 있을까?"

"응, 나랑 같이 가 보자!"

현이는 누이의 손을 꼭 잡았다. 예전 그대로 따뜻했다. 현이는 세상 누구보다도 귀한 누이가, 존중받으며 행복하게 살 수 있는 날이 얼른 오기를 간절히 바랐다.

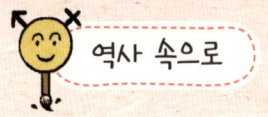 역사 속으로

인간 평등을 널리 알린 사상
조선의 동학

　조선의 통치 철학인 성리학에서는 여성이 남편과의 신뢰를 지키는 것, 즉 정절을 지키는 것을 중요한 덕목으로 여겼어요. 조선 후기에는 '과부 재가 금지법'을 만들어 여성의 재혼을 법으로 금지했지요. 이런 풍습은 점점 더 심해져서 남편이 죽으면 따라 죽는 것을 절개가 굳은 여인인 '열녀'라고 칭찬하며 나라에서 상을 내리고 기념비까지 세워 주었어요. 하지만 여성은 경제 활동에도 제약이 많아 남편이 없으면 생계가 곤란한 일이 생겨 그것이 사회 문제가 되자, 조정 대신들이 과부의 재가(재혼)를 허락해 달라고 청했지만 받아들여지지 않았어요.

　동학도 과부 재가 금지법에 반대 목소리를 냈어요. 동학은 19세기 중엽 탐관오리의 수탈과 외세의 침입에 저항해 백성을 구제하고자 수운 최제우가 만든 민족 종교예요. '사람이 곧 하늘'이라는 인내천 사상을 내세우는 동학은 그 어떤 신념이나 가치보다 사람을 하늘처럼 귀하게 여겨요.

평등 정신을 바탕으로 하는 동학은 철저한 남성 중심 특히 양반 중심 사회였던 조선에 큰 반향을 불러일으키며 민중의 큰 호응을 받았어요. 동학은 부패한 관리들이 백성을 못살게 구는 것을 비판하고 노비 문서를 불태웠으며, 과부의 재가를 허용하도록 요구하는 등 민중 항쟁으로 발전했지만, 당시 조정과 청나라, 일본의 강력한 진압에 동학의 사회 개혁 요구는 실패로 돌아가고 말았어요. 하지만 모든 사람을 동등하게 대하고 존중하려던 동학의 가르침은 훗날 많은 사람에게 감동을 주었답니다.

> **역사 속 정보 쏙쏙**
>
> ### 단군 신화 속 평등 사상
>
> 우리나라 건국 신화인 단군 신화에는 사람이 되고 싶어 한 호랑이와 곰이 등장해요. 하늘의 신이 호랑이와 곰에게 마늘과 쑥을 주면서, 동굴에서 백 일 동안 마늘과 쑥을 먹고 견디면 사람이 될 수 있다고 말해요. 하지만 호랑이는 결국 동굴 밖으로 뛰쳐나가고, 이 시련을 잘 견딘 곰은 '웅녀'라는 여성이 돼요. 웅녀가 낳은 아이가 훗날 단군이 되어 우리나라 최초의 국가인 고조선을 세웠지요. 세계적으로 유명한 민족 국가 신화나 전설에서 여성은 방해자로 그려지거나 부정적으로 그려지는 일이 많아요. 그렇기 때문에 단군 신화 속 여성이 국가 탄생 과정에서 중요한 역할을 담당한다는 점은 그 의미가 적지 않아요. 오늘날 시각으로 보면 좀 아쉬울 수 있지만, 남녀 모두에게 각자 할 수 있는 중요한 역할을 부여했다는 점은 높이 살 수 있겠어요.

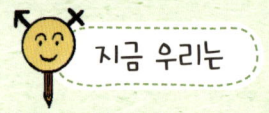 지금 우리는

양성평등 기본법 제정

동학의 사회 개혁 시도는 비록 실패로 끝났지만, 사람이라면 누구나 동등하게 존중받아야 한다는 평등 정신의 씨앗은 우리나라의 '양성평등 기본법'으로 싹을 틔웠어요.

우리나라는 1995년 양성평등 기본법을 만들고, 정치·경제·사회·문화 모든 영역에서 양성평등을 실현하는 것을 법으로 보장하고 있어요. 정책을 만들 때는 양성평등을 이루기 위해 '성별 영향 평가'를 실시하기도 해요. 남성과 여성의 특성, 사회 경제적 차이 등을 철저히 분석하고 평가해서 정책을 만드는 것이지요.

이뿐만 아니라 성별에 따른 차별이 없는 일자리 환경을 만들기 위해 안내서와 교육 프로그램을 만들어 알리기도 해요. 또 '여성 새로 일하기 센터' 등을 운영하며 육아로 일을 멈춘 여성이 직업 훈련을 받거나 일자리를 소개받아 경제 활동을 다시 시작할 수 있도록 돕고 있어요.

제3차 양성평등 정책 기본 계획
정부에서는 양성평등 정책을 위한 기본 계획을 세우고 이를 실현하기 위해 노력하고 있어요. 2023년 3차 양성평등 정책 기본 계획에서는 채용, 직종, 임금 등에 대한 성별 데이터를 공시하도록 하는 성별 근로 공시제를 도입해 성별 임금 격차를 해소하고, 육아 휴직 제도를 늘리는 등을 주요 과제로 삼아 정책을 추진해 나갈 예정이라고 발표했어요.

아직 갈 길이 멀지만 하나씩 차근차근 해 나간다면, 남성과 여성이 모든 영역에서 평등한 책임과 권리를 얻어 모두의 존엄과 인권이 존중받는 사회가 될 수 있을 거예요.

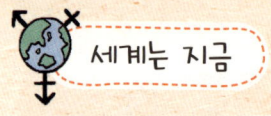 세계는 지금

최초로 양성평등법을 만든
프랑스

　프랑스는 세계 최초로 양성평등을 법으로 보장한 나라예요. 1972년 노동법전에 '남녀 동일 가치 노동의 동일 임금 원칙'을 규정했고, 1975년에는 임신이나 성을 이유로 채용을 거부하거나 해고하면 형사 처벌을 받는 법도 만들었어요. 둘 다 세계 최초였어요. 헌법에서도 '법률은 모든 영역에서 여성에 대해 남성과 평등한 권리를 보장한다.'고 써 놓았어요.
　하지만 현실에서는 여전히 차별이 발생하고 있었어요. 2016년 11월 4일, 프랑스 여성 수천 명이 성별에 따른 임금 차별에 항의하며 파업을 벌였어요. 남성보다 임금을 15퍼센트를 덜 받고 일하니, 11월 4일 4시 34분부터 그해 말까지 임금을 받지 않고 무료로 일하는 것과 같다고 주장하며 파업을 외쳤지요. 상황이 심각해지자 프랑스 정부는 2020년부터 경영자와 근로자 임금을 비교한 '공정성 지수'를 기업 외부에 공개하도록 하고, 직원이 50명 이상인 기업은 여성과 남성 직원의 임금 격차를 표시한

미국 하원의 동일 임금법안 통과
여자 월드컵 결승전에서 미국 여자 대표팀이 우승한 뒤 트로피를 들어 올리고 있어요. 미국 여자 축구 대표팀은 남자 대표팀과 동일 임금을 요구하며 오랫동안 투쟁해 왔고, 결국 미 하원은 국제 대회에 출전하는 여성 대표 선수에게 남성 선수와 동등한 보상을 보장하는 법안을 통과시켰어요.

'성 평등 지수'를 발표하도록 했어요. 좀 더 적극적인 정부 개입으로 임금 격차를 줄이려 노력한 것이지요. 그 결과 아직 완전하지는 못하지만 임금 격차는 다소 줄었어요. 프랑스 덕분에 다른 나라에서도 용기를 내기 시작했어요. 미국도 국제 대회에 출전한 여자 선수들에게 남자 선수들과 동등한 보상을 보장하라는 법안을 통과시켰거든요. 지금도 세계 각국에서 여러 정책을 통해 양성평등 문제를 해결하려 노력하고 있어요.

사진 출처
연합뉴스
25쪽, 27쪽, 43쪽, 45쪽, 61쪽, 63쪽, 77쪽, 79쪽, 97쪽, 115쪽, 117쪽, 135쪽, 137쪽, 157쪽, 159쪽

*이 책에 사용한 사진은 사용료를 지불 후 허가를 받아 게재하였습니다. 허가를 받지 못한 일부 사진에 대해서는 저작권자가 확인되는 대로 게재 허가를 받고 사용료를 지불하겠습니다.